大夏书系·全国中小学班主任培训用书

ZHIHUI YINGDUI
BANJI JISHOU WENTI

智慧应对
班级棘手问题

李 迪/著

华东师范大学出版社
ECNUP
全国百佳图书出版单位

图书在版编目（CIP）数据

智慧应对班级棘手问题／李迪著 . —上海：华东师范大学出版社，2017
ISBN 978–7–5675–7145–7

Ⅰ.①智 ... Ⅱ.①李 ... Ⅲ.①班主任工作 Ⅳ.① G451.6

中国版本图书馆 CIP 数据核字（2017）第 271131 号

大夏书系·全国中小学班主任培训用书

智慧应对班级棘手问题

著　　者	李　迪
策划编辑	卢风保
审读编辑	万丽丽
封面设计	淡晓库

出版发行　华东师范大学出版社
社　　址　上海市中山北路 3663 号　邮编　200062
网　　址　www.ecnupress.com.cn
电　　话　021－60821666　行政传真　021－62572105
客服电话　021－62865537
邮购电话　021－62869887　地址　上海市中山北路 3663 号华东师范大学校内先锋路口
网　　店　http://hdsdcbs.tmall.com

印 刷 者　三河市龙林印务有限公司
开　　本　700×1000　16 开
插　　页　1
印　　张　15
字　　数　214 千字
版　　次　2018 年 1 月第一版
印　　次　2025 年 6 月第八次
印　　数　25 101－26 100
书　　号　ISBN 978－7－5675－7145－7/G·10746
定　　价　48.00 元

出 版 人　王　焰

Contents
目　录

前言　我为什么喜欢当班主任？

看一个人是真喜欢做某件事，还是假喜欢，只要看不给钱（权、荣誉等）他愿不愿意干，就知道了。如果给钱（权、荣誉等）他才愿意干，那就是假喜欢；如果不给他也愿意干，且干得津津有味、兴致勃勃，那就是真喜欢。比如很多人爱打球、打麻将，谁给他们钱，可能还要赔钱呢！但是，他们废寝忘食、夜以继日，甚至呕心沥血，乐在其中，这是真喜欢。

2016年，学校没有安排我当班主任，要求我们这批老教师当新入职教师的师父，辅导他们的课堂教学。与其他师父不同，我除了辅导徒弟涵涵老师的课堂教学，更用心陪伴她体会班主任工作的乐趣。在没有任何领导授意的情况下，我和涵涵老师一起进班当班主任——本人没有班主任费，也不算我的工作量，班级一切荣誉与我无关，甚至为了带好这个班，我还曾自掏1000多元让学生办晚会。

这就是传说中"不给钱，甚至倒贴钱也想当班主任"的真实案例。

很傻，是吗？

其实一点儿也不。我是真心喜欢研究班主任工作的艺术，我希望自己的每一天都充实、快乐、有意义。

但是，任何一个课题研究都有50%失败的可能。我这样"一帮一"、手把手地教涵涵老师带班，效果并不好。多年的班主任工作经历，使我的言谈举止具备了较强的"气场"，就算我在教室里努力压抑，那一颦一笑所带出的感染力，也难免超过"青涩"的新教师。这对涵涵老师不公平，不利于提高她在班里的威信，毕竟，她才是这个班的班主任。我应该陪伴她成长，而不是代替她。历时四个月，我认识到此举弊大于利。

那么，我该怎样将自己的班主任工作艺术奉献出来，陪伴更多年轻教师，让他们享受到各自的职业幸福呢？

近十年来，我常有和全国各地班主任做交流的机会，他们会问我种种问题，我每每认真思索，然后用书信的方式一一解答：从如何带后进生组成的班级，到学生早恋怎么办；从班干部不作为的对策，到家长不配合的分析；从手机进校园的应对，到学生狂热追星的疏导……我试图以心理学、哲学等理论为依据，用亲身经历的故事案例做论证，写成一篇篇既有理论又有可读性的文章，呈现在读者诸君面前。

后来，这些文章发到我的微信公众号上，竟然得到了很多老师的认可和关注，并有人一次次地问我：读您的文章，我能感受到您教育生活的幸福和多姿多彩。那么，您是怎么喜欢上当班主任的呢？

我认真思索一番，感觉这个问题，至少可以从三个层面来分析：

（1）据说，聪明人在上学期间，会选择喜欢的专业；步入社会后，会喜欢从事的工作。我大学毕业后，从事了教师这一职业，只能向聪明人学习，试着对班级、对学生、对课堂"投入地爱一次"，就此沉醉不知归路。所以，我一直认为，敷衍工作才是真正地浪费青春，虚度年华。

（2）和中国大多数知识分子一样，我也深受儒家的积极、道家的飘洒和释家的空灵思想的影响，从内心深处喜欢班主任生活的宁静和单纯——每天就是课堂、学生、家、孩子，远离喧嚣，从容淡定；更喜欢班主任工作的挑战性和复杂性——每一个学生都是需要我们用心去研读的书，你永远也想不到那些青春期孩子会给自己出什么难题，闯什么祸。我的日子过得惊心动魄，高潮迭起，体味着欢欣、苦涩、汗水、泪水、自信、骄傲、尴尬……五味杂陈。这宁静又热闹、矛盾又和谐的状态，完全满足了我既要积极进步，又要悠然潇洒的需求，每每让人"兴尽晚回舟"。

（3）我一直坚信，爱自己最好的方式，就是让自己的每一天都充实、快乐、有意义。我在陪伴学生进步的同时，也体验到了自身成长的愉悦。只要我当着班主任，就有写不完的教育随笔、悟不完的教育幸福。这种因人生价值实现而带来的幸福，实在太美妙，怎不让人流连忘返？

也有人对我处理班级棘手问题的效果感到惊叹，不明白为什么同样的方法招数，自己用起来，似乎就不太灵。

这让我想到了陆游的"汝果欲学诗，功夫在诗外"。世间万物都是相通的，请相信陶行知的"生活即教育"，让我们拿做面点来说明。

近来，我迷上了做面点。比如，如果今天晚上我要做玉米糁豆沙包，就要提前做准备。红豆不容易煮烂，所以，昨天晚上我就要把红豆泡上，今天一早把泡好的红豆放在锅里，加一点点水烧开，马上关火。中午做午饭的时候，再用一分钟时间，将红豆水再次烧开、关火。下午上班前，第三次将红豆水烧开，红豆便已经煮烂了，放上红糖、蜂蜜，用勺子将红豆压碎，红豆沙就做好了。豆沙包的皮是用玉米糁做的，因为玉米糁有小颗粒，不容易熟，所以吃过午饭，我先烧开一大碗水，将开水直接倒在玉米糁上，如此一来，玉米糁被烫了个半熟，玉米里的糖分也被烫了出来，甜甜的口感很不错。当烫好的玉米糁不再烫手时，放上发酵粉、小麦面，揉成面团，放在温暖处发酵。下午下班后，就可以包豆沙，然后上锅蒸玉米糁豆沙包了。

读者朋友看我的描述，是不是感觉很麻烦啊？其实做起来很有意思！晚饭时分，掀开锅盖，看着热腾腾、黄灿灿、香喷喷的玉米糁豆沙包，很有成就感，这比超市里卖的白面豆包更营养、更健康、更美味呢！

有时候我就想，做班主任，其实就像做玉米糁豆沙包！

我们的很多学生，问题都是很顽固的，就好像红豆不容易煮熟一样。我见过很多人煮红豆，添半锅凉水，干豆下锅，煮一个多小时红豆还是不烂，这样的方法做出来的豆沙也不好吃。就好像我们很多老师，平时没有预设学生可能出现的问题，没有防患于未然，等学生真的出了问题、闯了祸，才找他们谈心，或批评，或处分。所谓"冰冻三尺，非一日之寒"，一次谈话、批评、处分，学生怎么可能就进步呢？远远不如我的方法——提前泡好红豆，时不时小煮一下，关火后，用锅里的热气让红豆在不知不觉中熟透。

那么，我们如何对学生"浸泡"、"小煮"呢？其实，无论多么调皮的孩子，在他们生病的时候、忧愁的时候、烦闷的时候，我们的一句问候、一个手势、一抹微笑，都能拉近师生的距离。这就相当于对红豆的"小煮"。等到他们出现问题后，我们嗔怪一句，可能比平时没有关怀他们的人说一百句都有效。

因此，我在这里提醒读者朋友：书中的每一个"招数"、建议，都建立在您平时对学生友善、真诚关心的前提下，这才是班主任处理棘手问题的关键。

2017 年 11 月

第一辑

遭遇班集体建设困局

遭遇由后进生组成的班级，怎么办?

李老师：

　　您好!

　　我刚刚接手了一个全部由后进生组成的班级。第一次进教室，学生就给我来了个下马威：黑板没人擦；不知谁把纸片撕得碎碎的，撒得满地都是；课间操出操的同学不到一半……可谓坏事一件接一件，让我一时间头大，不知道该从何处入手。您有什么好的办法吗?

张老师

张老师：

　　您好!

　　现在很多学校为了因材施教，为了"分层教学"，或者为了追求升学率，将同一年级部分成绩暂时落后、行为习惯不好的学生组成一个班，实为无奈之举。领导既然如此安排，我们哪里有挑肥拣瘦的权利? 如您所知，同样一个班主任，带后进生组成的班级和带"尖子班"、"实验班"的感觉，是截然不同的。因为我们认同的某些言论，"尖子班"的学生也许很容易接纳，但在后进生的班级却可能没有市场。

　　此困惑不仅现代的教师有，两千年前的孔子也曾遇到过。

　　庄子《南华经·盗跖篇》讲道：孔子自以为天下人都需要教化——并且相信多数人都可以被教化，他对教育盗跖也是信心满满的。有一次，孔子和盗跖说了一大堆道理，没想到盗跖伶牙俐齿，反过来给孔子讲了一大堆道理——或者说歪理，让孔子哑口无言，抱愧而归。

　　尊贵如孔子，也有被学生说得哑口无言的尴尬，何况你我?

究其原因，是孔子的思想作为，会吸引大多数人敬仰他、崇拜他、靠近他，但是盗跖所处的环境和孔子构筑的世界有很大不同。也就是说，在孔子设想的世界中，他那些经典言论是可行的；在盗跖所处的环境中，则是自取灭亡的"歪理"。

作为教师，面对一个个后进生，我们很少想到他们为什么要那么做，而更多的是对这些行为表现做是非判断——仿佛孔子那样，把盗跖拉到自己构筑的道德世界中来，评判盗跖的行为。

然而盗跖也好，这些后进班学生也罢，他们认为自己所处的环境要求自己必须那么做：我不是在老师你所设计的世界中存在着的。如果你来到我所处的世界，以我的环境（比如从小父母离异或是留守儿童，或者身边的同学都不爱学习等）为背景来和我谈生存问题，我乐意和你聊；如果你只是把你的观念在我的世界中散播，只有死路一条，我不骂你，已经算客气了。所以盗跖和孔子能顺畅沟通的前提是：要么你来我的世界重新做一番调查研究，或者我能够去你构想的世界体面地生活。

然而你来吗？（老师，你肯放下原先的理念和我相处吗？）然而我能去吗？（尖子班会要我吗？）生活在你构筑的世界中的人们会接纳我吗？——他们更多地会担心我把他们带坏，或者安排我去做反面典型，甚至去那儿"服刑"吧。

所以，在管理后进班之前，我们作为教师不妨想想：我们所希冀的、试图构筑的班级氛围是否和后进班自身存在的氛围有冲突。在冲突存在的情况下，如果我们费尽唇舌和学生讲道理，他们是不认同的。好比他们遵从的是狼性法则，而我们却和他们讲如何做羊。毕竟后进班不仅仅是学习方面的"后进"，他们在群体中所遵守的原则可能是很有效用的潜规则，与我们所要求的规则有区别。如果忽视这一点，而片面地要求学生遵守我们制定的规则，必然会引发矛盾。

所以，在思想教育之前，首先要考虑我们的观念是否可以被他们接纳——哪怕是循序渐进地接纳，也需要技巧；其次是尽可能引领大家形成良好的班风，否则可能是孔子遇见盗跖、秀才遇见兵，或如一个明理的妈妈不厌其烦地给孩子讲道理——虽然孩子认为她说的都对，但也未必遵从。

所以，我们需要探讨的是：究竟应该怎样行动起来，才能形成良好的班风，才能陪伴学生一起进步？

一、不动声色，冷眼分析，以身作则

新接手一个班，学生不打扫卫生，没关系，老师不动声色、以身作则，自己把地扫干净，把黑板擦干净，既不必撒手不管，也不必怒发冲冠。学生集合慢？没关系，我们课间操时早早地站在教室门口，温和而坚决地招呼同学们走出教室。看见违纪现象，也不勃然大怒，只是温馨提醒学生正确的做法。学生态度恶劣，我们只微微一笑，化干戈为玉帛……总之，我们的态度是"温柔的坚持"和"不含敌意的反对"，尽可能避免和学生的正面冲突，让学生感觉自己的淘气、胡闹像是一拳头打在了棉花上，让他们惊诧而又无所适从。当他们在整洁的环境中待习惯了，自然会排斥脏乱差的现象；当他们能够按时出操了，我们就大张旗鼓地表扬，让他们感受到被认可的愉悦。这样的忍让不是软弱，而是心灵强大的另一种诠释。

然而，这还只是表面文章。

接下来，班主任要通过观察班级氛围、和家长沟通、向其他科任教师了解情况等方式，确定这个班级舆论的"主导者"（未必是班干部）有几个，他们的性格、行为习惯、"三观"怎样，家庭成长环境如何，有哪些行为习惯和班主任主导的班风一致、哪些不一致等。做到心中有数，知道遇事他们会做出什么反应，足矣！不必急着去改变他们。

我们常说要尊重学生。尊重的含义，是让学生成为他们自己，而不是我们希望他们成为的那个样子。所以，无论我们是否愿意，学生都是作为独一无二的个体存在着的，教师除了接纳，没有别的招数。如此坚定、温和又心存善意地和学生相处，在这一回合，我们就算不胜利，也很难失败。

二、借助学校竞赛活动增强班级凝聚力

增强班级凝聚力最好的方式，就是组织学生参加学校的各种竞赛，尤其是一些可以全员参与的大型活动：广播操比赛、歌咏比赛、拔河比赛等。所谓的后进生，不外乎行为习惯差、成绩不好、纪律散漫等，但他们对这样的竞赛有兴趣，只要好好组织，效果一定不错。

比如在我们学校，每年新生军训结束前，有军训汇报；国庆节前的运动会中，有广播操比赛；国庆节之后，有篮球赛、排球赛等；12月份有合唱比赛；元旦前有文艺汇演……积极参加此类活动大有好处：第一，可以让学生忙碌起来，没有时间捣乱；第二，学生们全心全意地迎接挑战，学会了合作，也可以适当改正自己的个性，接纳别人个性的差异；第三，每一项活动都有规则，可以培养学生的规则意识；第四，大家齐心协力在竞赛中获奖，可增强班级自豪感和凝聚力；第五，一旦比赛失败，老师正好可以引导学生理智应对挫败，这时候就会拉近师生的距离。

很多后进生班级，都是由一次成功的合唱比赛或广播操比赛而开始团结奋进的。

三、借小活动或小故事统一思想，引导学生自律

现在的学生个性张扬、桀骜不驯，我们在课堂上呼喊"别吵了！静下来"也许根本没有用，远不如采用一些令课堂气氛更好的小技巧有效果。

就我自己而言，我带的是职业中专的学生，我经常做的事情有以下几个方面：

1. 上课前共唱一首歌

我会和同学们一边唱《感恩的心》，一边做手语操。一来培养学生感恩的心，二来大家一起做同样的动作，可以让学生的心收一收，将注意力集中到课堂上来。如果教小学，我建议大家教学生儿歌，以规范学生行为。活泼

的儿歌比枯燥的说教，更易于让低年级的学生接受。比如，用"铃声响，进课堂，安安静静坐位上"提醒学生准时上课，用"要发言，先举手，老师叫我再开口"让学生遵守课堂纪律，等等，这些儿歌只要教上两遍，学生就会牢记在心。

2. 讲故事，读文章，助力学生成长

我们可以抓住学生爱听故事的天性，每周上一节故事课。为了让学生养成会倾听、勤思考的习惯，讲故事时，我采取边听边提问题、听故事猜情节的形式，尤其是我看见谁的注意力不集中，就挑选谁来回答问题，这样同学们的心很容易回到课堂上。如果有同学回答不出来，我会温和地让他挑选一个自己认为能回答出来的同学帮助他，并微笑着要求他在得到别人的帮助后，真诚地道谢。这样开小差的同学既能掌握故事的寓意，又不会对我有丝毫意见，同学之间的感情也更加和谐。

3. 目光对视，师生间做心灵交流

课堂上若有嘈杂声，我就面带笑容，用蒙台梭利的"肃静"法，瞪大自己的双眸，让学生和我对视，用眼神交流，会起到无声胜有声的效果。

让课堂纪律好起来的招数很多，只要动脑动手，老师们一定能有更好的办法。

四、树立榜样，拍照展示，引领学生自觉

榜样的作用是巨大的，你以谁为榜样，就会成为什么样的人。

近几年，我每天都会拿着手机走进教室，用心捕捉孩子们不经意的瞬间：关心同学、打扫卫生、认真阅读等。然后利用班会课时间，把同学的照片和成长情况用投影仪放映出来，让学生自评或互评，老师最后给予肯定和鼓励。班会结束后，我会把这些内容做成PPT，发到家长群里，无形中就增加了学生和家长交流的话题，家长会为自己的孩子点赞，并督促他们更加努力。

五、师生飞鸿，心灵沟通，培养学生自爱

近几年来，我常有外出做讲座的机会。飞机场、火车上、宾馆里……我随时会静下心给学生写信，谈"红颜如何才能不薄命"、"男人味儿是什么味儿"，谈自由与纪律、哲学与人生，谈毕淑敏、龙应台……学生对这样的谈心和书信来往非常喜欢，他们觉得老师的心，始终是和他们在一起的。

谈到如何当后进生的班主任，我不禁要旗帜鲜明地主张"动起来"，因为"执行"比"说教"更重要，其原理是心理学中的行为治疗。

行为治疗又称行为矫正或学习疗法。它是根据行为学习及条件反射理论，消除和纠正异常行为，并建立一种新的条件反射和行为的治疗方法。行为主义理论认定行为是后天习得的，并认为一个习得行为如果得以持续，一定源于被它的结果所强化。也就是说，要保持某种行为，就要给予奖励；要消除某种行为，就设法给予惩罚。在后进班管理中，体验比赛获得成功的愉悦、拍照、赞美等做法，就是行为主义中的"阳性强化法"，即及时奖励学生的正常行为，漠视或淡化异常行为；而严明的制度约束等，可看作是"厌恶疗法"——让违纪行为带来令学生不快的体验，进一步达到消除不良习惯的目的。

除了行为疗法以外，在后进班的管理中，还要重视学生的认知，所以我在前文提到了用唱儿歌、讲故事、读文章、写信等方式来统一思想，其原理是心理学中的"认知疗法"。

认知疗法是通过改变人的思维和不良认知，促进合理思维，达到消除不良情绪和行为的方法。在班级管理中，我们最常用的认知疗法是"情绪行为疗法"、贝克雷米疗法、梅肯鲍姆认知行为矫正术等。比如，我们新接手一个后进班，班级学生意志消沉，认为自己事事失败，成绩很差，没有前途。这时候，老师除了要运用"阳性强化法"培养学生的好习惯、运用"厌恶疗法"消除学生的坏毛病外，还要纠正他们的观念，这就需要用"认知疗法"。比如，学生说他们成绩很差，老师可以纠正说："同学们的意思是，你们以

前考试成绩不好?"（答：是的。）"如果现在好好学习，将来成绩是不是会好起来?"（答：也许会好起来。）"那我们就好好学习试一下吧!"或者问："一辈子时间很长，能不能因为自己十几岁的时候成绩差，就认为自己是失败者?"这样的理念不但对学生重要，对班主任也同样重要。

同时，我还要特别提醒：后进班学生在班主任眼中的角色是什么，后进生的内涵包括了什么，其实都可由班主任去定义。我们的定义，决定了我们的方法策略，进而决定了学生接受和被引导的效果。假设我们认为后进班学生是"笨蛋"、家长是"混蛋"、领导是"糊涂蛋"，那么势必会让老师成为"废物蛋"，这是认知出现了问题。

我们再来进一步延伸一下：后进班学生在自己眼中的角色是什么，其实也可以让学生自己去定义。他们的定义，决定了他们的学习态度，进而决定了他们被引导的效果。假设学生认为自己只是暂时落后，只要努力，自己的前途依然光明，势必会加倍努力。一个学期后，后进班必将不再"后进"。这就是认知疗法的观点。

您的朋友　李迪

班里半数以上的学生是留守儿童，怎么办？

李老师：

　　您好！

　　我今年担任新生班主任，入学后调查了一下，竟然有半数以上的学生属于留守儿童。看着这个调查结果我非常忐忑，因为我知道很多留守儿童往往会存在各种问题。我应该怎样对留守儿童进行教育和引导，才能使他们远离性格缺陷的误区？或者我怎么做，才能弥补他们因为父母不在身边而缺失的亲情？您有什么好的建议吗？

　　　　　　　　　　　　　　　　　　　　　　　　　　　　　万老师

万老师：

　　您好！

　　非常感谢您提出了一个当代班主任不能忽视的问题——留守儿童的教育和引导。留守儿童是当今社会出现的一个特殊的儿童群体。调查表明，有35%的留守儿童变得任性、冷漠、内向、孤独。究其原因，是这些儿童处于情感性格变化的转折时期，为人父母者忽视了儿童的心理需要，长期与他们分离，结果导致亲子间的情感淡化。诸如自卑、沉默、悲观等各种消极情绪一直困扰着他们，最终使他们产生性格缺陷，表现出任性、冷漠、暴躁、易走极端等特殊的性格特征。

　　任何一个孩子的健康成长，都离不开母爱和父爱的和谐滋润，面对留守儿童，我们只有在尽可能给他们父爱、母爱的同时，引导他们接受爱、爱别人、爱自己。因为体会爱是一种能力，爱别人更是一种艺术。

一、念好生活指导经

父母在外打工，对那些缺乏自立，习惯于衣来伸手、饭来张口的孩子来说，日常生活会变得混乱不堪。如何独自处理饮食起居、外出购物、缝补洗涮等生活琐事会成为他们最头疼的事情。班主任念好生活指导经，就是向他们传授一些科学的生活理念，并进行具体的生活细节指导，让他们提高自立意识，学会合理安排作息时间，学会精打细算，合理开支等。

为提高学生独立生活的能力，我曾给学生写过十几万字的信，信的内容包括"开花给自己看"——告诉学生讲卫生是为了自己舒服，不是为了应付学校检查；"清清爽爽做女人"（关于生理卫生）、"穿出你的风采"（关于衣着打扮）、"别挤那青春美丽痘"（关于护肤）等。军训结束，我会组织班内学生开展内务整理的比赛，在冬至带大家包饺子，在端午节与学生一起煮粽子，甚至在中秋节和同学们一起分吃月饼等。学生在班级这个大家庭里，掌握到了越来越多的生活技能，找到了归属感，变得更加自立、乐观、坚强。

二、念好情感补偿经

时间最早可追溯到 15 年前，感恩节前夕，为了唤醒这些学生内心深处的感恩意识，我决定让孩子们每人给家长写一封感谢信。

星期三下午，小娟来到办公室，放下一封信转身就走，信上布满斑驳的泪痕："老师，对不起，您这次布置的任务我完不成，我觉得我已经被整个世界抛弃了，生活对于我来说，就像是乌云密布的天空，太阳的温暖和明亮全被遮住了，父母不在身边，同学们也总是对我心怀戒备……感恩是什么，我真的不知道……"

小娟是一个留守儿童，因为家境贫困，父母很早就处出打工，一年也难得回来一次，平时她和奶奶相依为命。奶奶年龄大，只能在生活上给她提供一些帮助。女孩子特有的敏感、胆怯，使她平时也不太和同学们交流，更不用说和老师接触了，于是一颗本该很柔软的心慢慢地结成了坚冰。我一直觉得她这样安安静静的也没什么不好，现在才知道，孩子的心里是多么荒凉，已经长出了一片野草，我该怎么办？

查看一下学生资料，巧了，后天就是她的生日，竟然就在感恩节前。于是我就和班干部商议，为她开一个小型的生日 party，给她一个惊喜。我们迅速分工，订蛋糕，写生日寄语，排练节目，做礼物。到了生日那天，晚自习前，我故意叫住她和她谈心，她有一丝落寞和心不在焉。我知道，生日对大多数孩子来说是非常重要的日子，她也记得很清楚，但是被人遗忘，又让她内心有一种酸楚。我东拉西扯地给她讲了一些人生道理，直到班长在外面给我做手势，我才说："好了，你去教室吧！"她默默地点点头。我悄悄跟在她后面。她刚一推开教室门，一道"彩雨"从天而降，随之"祝你生日快乐"的歌声伴随着同学们有节奏的掌声响起，她惊呆了，眼眶慢慢地湿润了。黑板上，醒目地写着"祝李娟生日快乐，永远幸福"；讲桌上，一个硕大的蛋糕绽放着笑脸，闪闪跳动的烛光渲染出一份朦胧，弥漫着温馨和快乐。她用手使劲捂住了嘴。这时，班长拿着一支钢笔，递给她说："希望这支笔能伴随你渡过每一个难关。"她哽咽着，只是用力地点点头，一句话也说不出来。这时，大家把自己亲手做的贺卡、画的漫画、写给她的信都塞到了她手里，她脸上挂着泪，溢满了幸福。然后，大家唱歌、跳舞，虽然节目很简单，但欢乐和感动一直持续着……

到了感恩节那天，我组织班里同学轮流给家长打电话（当时学生有手机的很少，都是用我的手机打），每打通一个电话，全班同学都会齐声说："爸爸妈妈，你们辛苦了！我们会好好学习，你们多保重！"很多孩子在说的时候，泪流满面。在外打工的父母和在家里看电视的家长忽然接收到几十个孩子的祝福，一个个激动得不得了。那天晚上，我的手机快被打爆了，家长一个接一个地致谢，学生也从中得到了无尽的温暖。李娟也在给家长打电话的时候泪流满面。

后来，给学生过生日成了我带每一届学生的保留节目，只是形式变得简单，多是我亲手煮鸡蛋送给过生日的孩子（有时候我还会当着全班同学的面，用牙签在鸡蛋上扎七个洞，取义为"七窍通透"），全班同学利用上课之前的时间唱生日快乐歌。这样，学生在班里享受到了来自大家庭的温暖，也理解了爸爸妈妈的不容易。

三、念好成长解惑经

为什么努力了成绩却不理想？当同学误解自己时怎么办？我的人生理想是什么？……这些是孩子们经常思考的问题。而对于青春期的留守儿童，他们还会有更多的烦恼。如男孩子会为胡须的出现、喉结的突出、声音的变粗而不安；女孩会为乳房长大、腋下生毛、汗腺过盛而惶恐。父母不在身边，谁来解开心结？这就需要班主任细心观察，耐心解惑。

对此，我除了像上文提到的，用写信的方式指导他们，还给学生组织了一个又一个主题班会进行解惑。比如，从 2009 年 10 月到 2010 年 10 月，我每个周四晚上，都与学生一起探讨关于爱情的话题，开展了一系列的爱情教育主题班会，主要以李清照、陆游、苏轼、柴可夫斯基等名人的爱情来探讨什么样的爱才是我们真正需要珍惜、追求的爱。班会的主题包括"一棵开花的树"、"谁的爱是最成熟的爱"、"灰姑娘的婚姻悲剧"、"为妻当如卓文君"、"嫁人莫若苏东坡"等，学生非常喜欢。这个班的学生还没有毕业，我的著作《我和学生谈爱情——将爱情教育进行到底》就出版了，学生人手一本。除此之外，我们还开展了关于快乐人生、职业生涯规划等主题班会，让学生的人格尽可能在学校得到完善。他们考虑问题日渐周全，内心便少了怨恨，多了祥和、感恩。

四、念好消除误解经

很多留守儿童都有这样一个误解：家长不带自己在身边，就是不爱自己，不要自己了。但是，孩子哪里知道父母的苦衷呢？

如果无法解决孩子父母远行的问题，我们便去改变孩子的认知好了。当孩子感到父母远行也是一种幸福，那问题或许就不再是问题。

所以，我常常在和学生的闲聊中，有意无意地告诉这些孩子，远行的父母是伟大的，他们离开熟悉的家乡、亲人，特别是日夜牵挂的孩子，忍受在他乡的孤独，不是为了自己，而是为了孩子的成长。他们希望自己的远行能够为孩子提供更好的物质条件，希望孩子拥有一个美好的未来。从幼儿园、小学、初中，到高中、大学……这一路读下来需要多少费用？没有父母的远行，哪来的读书费用？作为子女，大家要理解父母的做法，我们能够做的就是照顾好自己，让远行的父母放心、开心。

　　我还告诉这些孩子，父母的远行虽然使他们缺少了家长的直接照顾，缺少了和父母长期相处的机会，但在不知不觉中培养了他们的自立能力。他们学会了洗衣、做饭，照顾自己；学会了如何与人相处，如何规划自己的未来；等等。这些能力对他们的成长发展十分重要。要知道，我们终究会长大，终究要离开父母去独闯天下，到那时就会体会到具备这些能力的好处。再说，现在的通讯这么发达，我们可以通过电话、网络和父母经常联系。

　　幸福其实是一种感觉，体验幸福是一种能力。当孩子把父母远行也当作一种幸福，那身为留守儿童的不利影响将会减少，学生对家长的误解也会随之消除。

　　万老师，我把这些具体的做法告诉你，其实也是有理论依据做支撑的。

　　心理学家弗洛姆认为，儿童在8岁以前还不会爱别人，只希望自己无条件地被人爱，他们对被爱的反应是感谢和高兴。当孩子超过8岁，就希望通过自己的努力去唤起爱。弗洛姆说："孩子第一次感到要送给母亲（或父亲）一样东西——写一首诗、画一幅画或者做别的东西。在他的生活中爱的观念第一次从'被人爱'变成'爱别人'，变成'创造爱'……"这时的孩子，在送给父母、亲朋礼物的同时，就能体会到，"给"比"得"更能使自己满足，更能给自己带来快乐，爱比被爱更重要。这时，他们的爱便成熟了一些。

　　念好以上几本经之所以能在陪伴留守儿童成长的过程中起到作用，就在于这些做法不但让留守儿童感受到了周围人对他们的温暖、关怀，也让他们体验到了关心他人的愉悦，让这些孩子有一种自己并非弱者的感觉。提升留守儿童爱的能力，可以让他们摆脱孤立无援的境地，体验到自己的强大，无形中增加了幸福指数。

另外，中学生这个时期人格发展的一个主要任务是获得勤奋感，克服自卑感。因此，我们必须在关心孩子的同时，切实帮他们解决学习上的问题，使他们获得自信，学会勤奋，克服自卑。

希望这些做法能对您有所帮助！

您的朋友　李迪

班里出现了各种"小团伙"，怎么办？

李老师：

　　您好！

　　我所带的这个班级从入学开始，学生就自然形成了一个个"小团伙"，他们不是以寝室为单位玩耍，也不是以小组为单位学习，而是只找自己的同乡玩儿，或者性格相投的同学玩儿，形成了一个个"小山头"。开学一个月了，有的同学相互间连话都没说过，他们只和自己"圈内"的人交往。您觉得，我应该怎样做才能让这些小团伙和睦相处，进一步增强班级的凝聚力呢？

穆老师

穆老师：

　　您好！

　　闲谈中，一提到班级"小团伙"，老师们的眉头就禁不住皱起来——"小团伙"似乎有"拉帮结派"的意思，令人颇为不悦。其实，班级里存在这种非正式的小组织，实在是太正常不过了。谁敢说自己的班里没有三五个甚至七八个小团伙？只是有的班级小团伙之间相处和谐，班风较稳定；有的小团伙之间水火不容，矛盾重重，为班级发展带来了种种障碍而已。

　　教育心理学理论认为，班级是个群体，学生是由两种不同性质的团体组成的，一种是按教育管理的要求组织起来的正式团体——小组，寝室；另一种是三三两两自发聚集在一起，交往频繁的小团体，心理学理论称之为"非正式团体"或"友伴群"，也就是我们平时所说的"小团伙"。一个班级成立以后，不同爱好、不同追求、不同见解的学生会通过观察，各找各的朋友。如爱好学习的凑在一起沟通学习，老实听话的聚在一起玩耍，自由散漫的凑在一起打闹，厌恶学习的凑在一起叫苦，对老师、学校管理有逆反抗拒心理的，凑在一起发泄不满等等。

这种小团伙的生命力是非常强大的。他们往往也会发生内部矛盾，不过，一旦老师试图拆散他们，不幸又被他们有所觉察，他们必定会团结起来，一致对外反抗老师。所以，面对这样的小团伙，聪明的班主任一般不会轻易去干涉，倒可以认真分析一下，班级里的小团伙有多少个，每个团伙里谁是核心人物，他们的观点是怎样的，对班风建设起什么样的作用，各团伙之间的关系如何，是互不来往，还是友好相处或者彼此敌对等等。然后分析一下，哪些小团伙的影响和教师对班级的影响是一致的，便重点扶持他们，让他们的舆论占上风；哪些小团伙的影响是和教师的工作背道而驰的，便小心提防他们。只要潜在的小团伙支持教师的工作，教师就得心应手，可以一路顺风；如果潜在的小团伙总是否定教师的意见，教师推动起工作就会步履维艰。所以我们做这些分析是非常有必要的。

对于班级小团伙的成长和发展，我们的具体应对方法主要有以下几种：

一、培养班级里的积极型团伙

让积极型团伙"倡导"班风学风建设，班主任工作将有事半功倍的效果。为此，班主任一般要经历"用心发现—及时奖励—跟踪参与"三个过程。

1. 用心发现

我们有什么样的班级建设目标，需要什么样的班级核心，内心必须非常明晰，同时要具备慧眼识英雄的能力，分析哪些小团伙可能成为引导班风积极向上的核心。有些学生的行为也许是边缘性的，但经过班主任的一番"矫正"和"拔高"，就能使其在班级有号召力，可以重点扶持、培养。

2. 及时奖励

班级核心被发现后，要引起全班同学的"注目"，还必须对他们及时进行奖励，让其具有榜样的力量。比如我在《想开展第一次班级活动，怎么办？》中所举的例子"煮一锅班级的石头汤"，就是用及时奖励（鼓掌）的方法，名正言顺地为这些热心班务的同学提升威信。

3. 跟踪参与

在经济领域有一句话，叫"扶上马，送一程"。"扶上马"是一个确立的过程，"送一程"是一个积蓄的过程。其实这一说法也适用于培养班级核心团队。

班级"核心"的发展、积蓄、形成有一个长期的过程，在其影响力积蓄的阶段，班主任的关注就是其茁壮成长的阳光雨露，只有让"核心"时刻感受到有一双期待的眼睛在关注着他们的言谈举止，他们才有前进的动力。

培养班级核心团队的另一个方法是"招安"，就是把这些非正式的小团体正式化，把他们的活动由地下转移到地上。具体做法是：如果某个同学在某一方面有特长或爱好，并且想邀请一帮同学一起玩耍，一起研讨，就可以向老师申请成立一个小团体，团长由申请者担任，团体名称自己确定，如舞蹈队、班级管理智囊团、写作团、课外阅读团、田径团、跳绳团、魔方团、围棋团、书画团、手工制作团等。老师批准后，团长就可在班上"招兵买马"。每个团体要树立明确的奋斗目标，制定严明的团体纪律，定期开展团体活动，定期向班委会汇报工作，随时接受老师和班干部的监督。一旦这个团体有意冲突其他团体，造成恶劣影响，或者该团体做了损害班级的事情，班委会就会"依法"取缔该团体；如果该团体开展的活动对成员不具吸引力，其成员就可脱离该团体，该团体就会因为没有成员而自行解散。学期末的时候，班委会会评选出优秀团体，进行表彰。

通过"招安"，公开承认小团体的"合法性"，教师能随时观察、了解每个团体的动向，能够对他们的活动做出指导。同时，"招安"后，团长为了提高团体的生存能力，会严格要求每个成员遵守纪律，并且会在活动开展上狠下功夫，这样就会激励团体走上健康发展的道路。

二、分化消极团伙的力量

这是与培养班级"核心"同样重要的一项工作。我们的策略是：不公开打击，尽可能吸引、感召边缘学生到积极团队中来。

班主任以一人之力去打击一个群体，这是不明智的，极有可能导致群体内部团结紧密，一致对外。

另外，班主任也不适宜引导另一个群体与这个群体对抗，这样做有违我们的教育目的。教育的目的是推动社会秩序的建立，提高人的素养，而不是人斗人。

作为一个"核心"——哪怕是消极的核心，他的周围必定已经聚拢了一些人，对这些人公开打击，他们就会向"消极核心"靠拢，对这些人慢慢"感召"，他们就会逐步从这个群体中脱离，向班主任培养的"新核心"靠拢。

三、做"黏合剂"，增强班级凝聚力

一个散漫、乱哄哄的班级，绝对算不上优秀的班集体。要让班级具有凝聚力，多数情况下，班主任最好能做班级同学以及班级小团伙之间的"黏合剂"，尽最大努力减少学生矛盾的发生。老师做到这些不容易，因为现在的学生个性太张扬，很多孩子不善于和别人合作，所以老师要在班里进行宽容教育、爱心教育，谈的道理、举的例子要真实生动，才能打动学生，才能真正起到"黏合剂"的作用。

比如，2006年我所带的班级呈三五成群、风起云涌状，无非是一些鸡毛蒜皮的小事，却因为个性及闲谈，使事件越来越严重。

班会课上，我要做"黏合剂"，便演讲说：

谁人背后不说人？谁人背后不被说？同学们和好友一起玩耍，对背后的闲话尽可以不必打听和计较。要知道，他人背后一时兴之所致，谈到了你的过错，或说了对你不利的话，这是人之常情。如果你总去打听，或三五成群地议论，本来是无意的闲谈，可能就会成为有意的中伤。

我大学毕业来到这里的时候，人地两生，和美术老师风儿结下了深厚的友情。但是，2003年春天，仅仅因为一件小事，我俩争吵起来，她一生气，把自己的水杯摔碎在地；而我，随着那"砰"的一声，只觉自己的心也碎了……

从此，我们虽处一室，鸡犬相闻，却不相往来。但我们从没有在背后说过对方一句坏话，也从没在学生面前表现过对对方的不满。去年夏天，学校决定让我们分别担任两个幼师班的班主任。为了便于工作，在迎接新生的那一天，我们很自然地开始相互打招呼、商量问题，就像从没发生过矛盾一样，谈笑风生。很多人都认为，已有的伤痕即使愈合，也会留有伤疤。但是，为什么我和风儿老师的友谊恢复得如此了无痕迹呢？

因为我们从不肯在别人面前诉说自己的委屈或对方的不好。即使在矛盾冲突最厉害的时候，我们也很在乎对方的感受。

所以，如果你喜欢你的朋友，如果你在为失去朋友而伤心，就不要轻易对别人诉说自己的委屈和对朋友的不满，因为那委屈、不满，很容易传到朋友耳朵里，并和你的原意大相径庭。咱们班根本就没有什么特别坏的人，大家的矛盾也不是什么原则性问题，所以，同学们请静坐常思己过，闲谈莫论人非……

营造良好的班风，让学生形成团结友爱的"大团体"，是应对学生小团伙闯祸的明智之举，是对小团伙的无害化处理。班主任要做"黏合剂"，除了在班会上演讲进行大面积引导，还可以通过组织班级活动来引导。

2011年，我不再给过生日的学生送鸡蛋，而是跟同学们商定好，每周的某一天集中为这周生日的人过生日，地点就在学校食堂。同学们和我在那一天，会各自掏钱买面条（意为"长寿面"），再到食堂三楼人少的地方一起吃，又热闹又节俭，是和谐小团伙关系最好的方式。

此外，做"黏合剂"的方法还有冬至包饺子、春天植树等活动，甚至每年的技能竞赛也可以利用起来。

四、做"旁观者"，暗中指点

当小团伙的成员闹了矛盾，老师不妨暗中指点，最好不要过多、过细地干涉。孩子们生气，多是因鸡毛蒜皮的小事，也分不清孰是孰非。如果老师冒冒失失插一杠子，人家孩子一转脸和好了，我们在中间算什么？当然，当学生找老师求助时，我们也不能置之不理，可以在暗中指点。指点中切记要站在学生的立场上思考问题，多做换位思考。

这时，就用到了"共情"。

"共情"是体验别人内心世界的能力，又叫"投情"、"神入"、"同感心"、"同理心"等。

"共情"的意义在于设身处地地理解学生，让学生感觉自己被接纳，从而促进交流效果。缺乏共情会使学生失望、受到伤害。

老师在运用"共情"时，注意因人而异，因背景而异，并且善用肢体语言，注意时刻验证。

我们班的蓝菲、明霞、莎莎，堪称小小"三人帮"。

"三人帮"里的蓝菲个子小、脾气大，看谁不顺眼就会没心没肺地批评。不过，发生矛盾最多的，还是这小小"三人帮"的内部。每次生气，她们都会大哭流泪，痛苦憔悴。明霞和莎莎对我并不隐瞒自己的情绪，但似乎只是为了倾诉苦恼而来，每次诉说完都不忘嘱托我："老师，这件事您别插手，我们自己会处理好的。"

我便不插手，几天后果真又见她们形影不离。

临毕业时，明霞和莎莎找我求助，问我该如何应对蓝菲的任性。

我说："在她蛮不讲理任性的时候，你们万不可轻易退步、忍让，就那么冷淡她，让她去反思自己的错误。"

莎莎："不行啊！以前我们闹矛盾时，无论是否错在我们，都是我们先和她说话，大家都是朋友嘛！"

我笑道："'大家都是朋友，何必在生气时争个你是我非？'这是我以前告诉你们的话，是希望女孩子交往时心胸开阔一点。可是现在的情形是，你们的宽容助长了蓝菲的任性，所以，就必须坚持自己的立场了。"

明霞："老师，即使我们不搭理她，她也不会服软，她会去找别的同学玩耍。"

我点头，转而感叹："你们三个人的友情真的很深、很纯、很难得！"

"是啊！所以我们很在乎彼此。"莎莎感叹道。

我笑着说："因此，在你们闹矛盾的时候，尽管她也和别人玩耍，但任何同学都不能给蓝菲和你们在一起的感觉。你们相信吗？"

明霞和莎莎点头，我又说道："所以，在她任性的时候不要轻易迁就她。她既然很在乎你们，就让她在被冷落中反思自己的错误。万不要在她还没有认识到自己错误的时候，就主动和好，这样不但不利于蓝菲的成长，只怕她的脾气不改，你们的友谊也难以天长地久，将来她更难有知心朋友。"

我相信自己所说的一席话，即使最后传到蓝菲耳朵里，她也不会觉得老师在"隔岸观火"。

五、师生签订君子协议

有的小团伙很消极也很稳定，已经在学校形成了一定"气候"，要分化、培养、黏合都不实际，他们的一只脚甚至已经踏入了社会。教育自有诸多无奈。这时，也不必非要"拆散"他们，倒可以签订君子协议，只要彼此相安无事，我们就心满意足了。

我曾在阅读濮阳赵娜老师的博客时，看到她描写的一则案例。

班级曾有5个顽皮小子，人称"五大金刚"，他们情同手足，仗义执言，打群架可谓屡见不鲜，挑事端更是家常便饭，成了全校闻名遐迩的"恶势力"。老师们看到他们是"能躲则躲"，学生见了他们更是"逃之夭夭"，这下反而助长了他们的霸气，越发无法无天。

那是一个熙熙攘攘的课间，办公室外突然传来了一阵嘈杂的吵闹声。我奔出门外，只见"五大金刚"威风凛凛地站成一排，怒目圆睁，对面却是一个瘦弱的小女孩。"君子动口不动手！"我大喝了一声，唯恐他们再闹出乱子。接着，我便随手拿出手机把这惊险的一幕拍了下来。于是，五个人不分青红皂白，要抢我手中的手机。我却微微一笑，故作轻松地说："猜一猜，我为何拍下来呢？""为了告诉我们班主任""为了让校长知道""为开除我们再多一条罪状"。他们你一言我一语地说着，却被我一一否定了。这下，几个小子的目光里充满了疑惑。上课铃声响了，我挥挥手，让他们都进教室上课，一阵风波就这样暂时消停了。

放学后我刚走出办公室，"五大金刚"就迎面走了上来。"来吧，老师正准备请你们呢！"我的一番热情更让他们不知所措，坐在办公室里第一次这般中规中矩。

"这样的待遇我们可是第一次享受哇！"他们中间的老大一开口，几个孩子似乎都松弛了下来。我又一次把照片拿给他们，让他们依次静静地看着，"一个弱不禁风的女孩不小心撞了你们一下，你们竟然如此小题大做。知道吗，你们在我的心里一向可是'君子'啊！"他们似乎觉得有些难为情，其中一个竟然还调侃道："君子，君子，多谢老师的褒奖啊！"霎时，我的脸色变得严肃起来："孩子，你们在老师的心里就是名副其实的君子，今天我正是要给大家签订'君子协议'。"令我意外的是，他们竟然没有反对，当我把事先准备好的协议读给他们听后，他们竟然悄悄地低下了头，面面相觑片刻后，都郑重地签上了自己的名字。

果然，他们几个蛮横的时候越来越少了。偶有一日，我再次在楼梯上与他们相遇，"孩子，不，正人君子，好样的！""那，那还不是你给我们上了'紧箍咒'吗？"说话间，还留下了一串爽朗的笑声……

除了签订君子协议，再给大家分享两个小方法：（1）让小团伙成员成为班主任的助手。当我们在严厉批评某同学的时候，一定注意团结他的好朋友，让他们替老师说话，免得整个小团伙成员聚在一起火上浇油，激化师生矛盾。（2）慎用"离间计"粉碎捣乱的"友伴群"。离间计会对学生的成长造成不良影响，万不得已的时候才可使用。而且，即使瓦解成功，也要找机会和孩子们谈心，告诉他们，老师不是存心瓦解他们，只是不想让班风变坏……这便是老子所说的"胜而不美"。

人本无恶善之分。或者说，每一个学生的心里都有一根天使的琴弦和一根魔鬼的琴弦。作为老师，我们就应该想办法奏响学生那根天使的琴弦。至于他们找谁做朋友，跟谁是"铁哥们儿"，我们完全可以任其发展。

以上提到的诸多方法，须认真分析"小团伙"的性质和教师自身性格才能正确运用，希望能对您有所启发。

您的朋友　李迪

班风不正，怎么办？

李老师：

您好！

今天一放学，就有学生对我说："刘老师，张强他们几个人又在说怪话，把闫晓琴都气哭了。他们说闫晓琴昨天放学时帮四小组的同学打扫卫生，是图表现，是想得到老师的表扬……"

平日里，像这种针对班级里的好人好事及各种正义行为不见贤思齐，反倒冷嘲热讽的现象，并不鲜见。这也从另一个侧面折射出我们的班风不正，班级舆论导向有问题。对此，我应该怎么做呢？

刘老师

刘老师：

您好！

班主任工作林林总总、纷繁复杂，其实概括起来也就三大块：班级文化建设、班级日常管理、问题学生培养。您今天所提到的，属于班级文化建设的范畴，很有探讨的价值。我认为，我们可以从以下几方面做起：

一、平等探讨，明确责任

我曾经与您遇到过类似的事情：小倩平时说话很呛人，不爱上文化课，但酷爱舞蹈。有一次，在舞蹈课上，她没有好好热身就急于练功，导致开跨时拉伤了大腿内侧的肌肉，上下楼梯很不方便。团支书晓彤和几个同学主动承担起扶小倩行走并为她打饭的义务。不料，仅仅三天的时间，这几个同学就退缩了，原因是有同学讥讽他们做好事是"为了竞争'郑州市优秀班干部'的名额"。

我当时听了很难过，再联想到佛山小悦悦事件。小悦悦被车撞后，只有拾荒的阿婆陈贤妹抱起了孩子。但是，在各种媒体赞美陈贤妹的时候，却有人怀疑陈贤妹是在炒作自己。所以，我一直认为社会上最大的悲剧不是人们不做好事，而是做了好事的人还被不做好事的人伤害。

思忖良久，我打算让学生自己去体会生活中我们多么需要互帮互助。

那是一个早春的下午，我面带微笑地走进教室，边走边脱外套边对学生提出要求："同学们，像我一样把外套脱掉。"同学们莫名其妙地笑着闹着把外套脱掉了。紧接着我又提出一个要求："同学们，像我一样用一只手把外套穿上！"同学们百思不得其解，费力地用一只手把外套穿上了。

课堂气氛顿时活跃起来。

接下来我又提出第三个要求："同学们，再把外套脱下来，现在你们尝试两只手都不动把外套穿上！"这个要求一提出来，全班同学都傻眼了，你看看我，我看看你，面面相觑，不知怎么办。

过了一会，有些同学主动弯下腰，低下头，用牙齿咬着把另外一个同学的衣领叼起来，你帮我我帮你把衣服穿上。就在这个过程中，同学们形成一个基本的认识：任何人在特定条件下，都可能需要帮助，需要关心。

让学生得到这样的认识不难，但我希望他们思索得更深刻一些，便郑重地提问："我一向认为，对任何一个弱者的漠视、不公平，都是对所有人的漠视、不公平。同学们理解这句话的意思吗？"

学生愣住了。

我说："因为我们每个人都有可能成为弱者，所以，对需要帮助的人表示冷漠，就是对我们自己的无情。"

学生纷纷点头。

接下来，我若有思索地问："你们觉得我们是否应该感恩他人、感恩社会？"

答案当然是肯定的。

我再问："你觉得怎样做才是感恩社会？"

学生又一下子愣住了，继而回答："等我们以后发了财，可以捐款，做慈善。"

我问："那现在呢？现在大家没有发财，能不能做慈善，感恩社会？"

学生纷纷摇头："现在我们自己都顾不上自己，没办法做慈善啊！"

我说："不是的，同学们，其实我们每个人都可以做慈善来感恩社会。比如，看到别人有困难，如果你没有经济实力帮助他，那就在其他人帮助他的时候，去赞美这种行为，这就是在做慈善；在看到别人行动不便的时候，你没时间和精力帮助他，看到他人去帮助的时候，你只要夸赞这种行为，就是感恩社会。我们万万不要让做好事的人，付出了时间和精力，还要遭受伤害，因为我们每个人都可能有需要帮助的时候。相对于别人，每个人都是一个小小的环境，至少，我们不能因为自己的存在，让生存环境越来越恶劣。"

此后，无论大家多么不喜欢小倩说话呛人的毛病，也愿意尽力帮助她。小倩也在反思自己错误行为的过程中改变了说话方式。

二、让学生相互找优点，引导班级舆论

在班风不正的时候，教师当着全班同学的面批评少数人固然不可取，但大张旗鼓地表扬少数好人好事也很冒险。

班上的学生平时习惯做八丈高的灯台——只照别人，不照自己。我们不妨开展"我为同学找优点"的活动，抓住学生都想"让别人发现自己优点"的心理，要求他们每天在别的同学身上发现一个优点，通过日记等方式记录下来，定期在班上交流。学生怕别人在自己身上找不到优点，就会严格要求自己，久而久之，身上的缺点慢慢地被克服，那种"无视对方优点，我行我素"的现象就会得到有效改善。

三、开设"道德银行"

为配合前面找优点的活动，我们还可以在班上开设"道德银行"，制订

具体的"银行"细则，在班上选拔几个公正、无私、威信较高的同学担任银行工作人员，将同学们每天找的优点存入银行，一周、一月或一季度予以公布，进行评比，给予结息（奖励）。以此鼓励大家进行良好道德行为投资，逐步营造良好的班风。

我的奖品其实很简单，有时候是一个蛋糕，有时候是一个苹果，有时候是一个棒棒糖，有时候甚至仅仅是一个大大的拥抱，但是学生却异常高兴。

四、开设"道德法庭"

为保证"道德银行"执行的公平、公正和客观，为了及时处理班上同学之间发生的冲突、纠纷和日常琐事，我们可配以"道德法庭"等机构。每当学生之间发生打架等大的纠纷和冲突的时候，就交给"道德法庭"公开处理，教师旁听。"法官"在调查事件时，让"肇事者"先找到自己在事件发生过程中的缺点和不足，杜绝一味指责他人的习惯，让他们明白"如果自己当时能克服那些缺点和不足，能大度礼让一点，就不会发生这种事情"的道理。然后一起商讨解决问题的办法。这不仅可以教育当事人，还可以警示其他同学，更能培养学生"制度管理"和"人文关怀"的自主能力。

五、信任孩子，温柔导航

孩子成长过程中出现了问题，不要大惊小怪，而要温柔对待。

比如，为做了好事却受委屈的同学擦干眼泪，让她知道——老师知道她受了委屈，外加一个温暖的拥抱。这样是在暗示她——老师是她的朋友，她帮助别人是对的。

对于爱指责别人的同学，可以声东击西，迂回收服，在办公室以外的任何地方设计巧遇，和他们自然接触。

比如，对第一个同学说："老师请你帮个忙，今天放学有两个值日生家里有事，我们一起替他们扫地，好吗？"目的是借助共同劳动让他亲师。临走时，老师亲自板书表扬该生助人为乐。目的是唤醒他助人为乐的愉悦感，引导他感受自己心灵的温暖和芳香。

对第二个同学说:"帮我把 ×× 的表扬信抄在板报栏里,好吗? 谢谢你。"目的是告诉他帮助别人是对的,他也有能力帮助别人。

同时,让全班同学准备:一周内至少帮助别人一次;采访你的同桌帮助别人的一次经历,为他设计一段颁奖词;准备主题为"我帮助别人后的心情"的发言。

这一周里,老师要密切关注学生,暗中观察学生们的表现,不仅教给他们采访和接受采访的仪表和态度,也要引导他们把握做好事的机会和体会做好事的幸福。

最后,是班会环节:(1)宣读颁奖词,发表助人感言。(2)讨论:面对需要帮助的人,我该怎么做? 应不应该嘲笑帮助别人的人? (3)一起唱《爱在天地间》。

刘老师,我之所以建议您按照以上做法引导班风,其实有着深厚的理论依据。心理学家柯尔伯格认为人的道德判断按发展顺序,大致可分为三种水平、六个阶段。

第一种水平是"前习俗水平",包括两个阶段。第一阶段:服从和惩罚的道德定向阶段。处于这一阶段的儿童,对成人或规则采取服从的态度,以免受到惩罚。在小学阶段,许多老师奖励学生小红花,或者作业写得好,老师就画一个笑脸,作业不好,老师就画一个哭脸。帮助了别人,就能得到老师、家长的肯定;欺负了别的小朋友,就要受到批评。这些做法很有效,因为小学生的道德发展多处于第一水平——前习俗水平,他们的规则意识尚未形成,需要服从,以避免惩罚。因此,在这个阶段,老师引导班级舆论以批评和赞扬为主。

小学生、问题生较多的初中班级或职业学校(有的学生年龄已大,但道德发展似乎还停留在避免惩罚阶段),道德银行的做法,是有一定效果的。但对于重点高中的孩子,可能不太适用。

随着学生年龄和心智的增长,孩子们的道德发展将进入前习俗水平的第二阶段——相对论者的快乐主义定向阶段。这时，他们在进行道德判断时开始比较行为和个人的关系，认为每个人都有自己的意图和需要。那些看到同学帮助别人，就认为人家"别有用心"的人，就处于这个阶段。老师在这里一定要巧妙地引导，让他们重新生成与以往不同的观点（也就是顺应），如此，他们的道德水平便会得到提高。

那么，文中助人为乐的同学的道德水平处于哪一阶段呢？

我个人认为，他们可能处在柯尔伯格道德发展的第二种水平——"习俗水平"的第三阶段——好孩子定向阶段。儿童认识到必须尊重他人的看法和想法，考虑到他人和社会对一个"好孩子"的期望和要求，并尽量按这种要求去做。在这个阶段，儿童已经开始从关心自己的需求，发展到较全面地关心别人的需求，从而为自己塑造一个社会赞同的形象。

助人的孩子在按照社会对自己的期望做事，如果这样的行为能得到强化，就会内化为优良的品质，养成助人为乐的习惯，道德发展会朝向更高的水平——后习俗水平发展。这也是我们陪伴学生成长的最终目的。但是，最后这样的强化，需要一个较好的班风。所以，我才建议您采用以上一系列做法来扭转班风。

希望这些做法能对您有所启发。

您的朋友 李迪

学生对班级事务不上心，怎么办？

李老师：

　　您好！我班学生现在很消极，他们不吵也不闹，不明着跟我作对，只是对于班级活动中我布置下来的任务，会拖拖拉拉不积极完成。过段时间学校要举办合唱比赛。上周我和同学们在一起商量唱什么歌曲时，他们一致要求唱周杰伦的歌。我觉得不好，周杰伦的歌旋律性不强，吐字又快，嘟嘟囔囔的，我觉得同学们根本就唱不整齐。但是，班里七八个男生非要唱，音乐委员还跑到讲台上给大家做示范。后来我坚决反对，他们又要唱《小苹果》。我觉得《小苹果》唧唧歪歪的，根本不励志。最后我决定合唱《怒放的生命》，让他们晚自习的时候，把歌词抄下来。但是，两天过去了，还是有三四个学生死活不抄。我今天早读的时候说："同学们午饭前必须把歌词抄下来，如果哪位同学没抄，老师就和他一起饿肚子，陪着他抄，直到他抄好……"结果，今天上午放学后，有两个同学依然不抄，无论我怎么给他们做工作，他们就是趴在桌子上不动。后来在我的陪伴下，其中一个同学抄了，但另一个还是不抄，是他的好朋友替他抄的。李老师，您说面对这样的班级现象，我该怎么办？

华老师

　　（注：我和华老师是一个单位的同事。华老师颇有上进心，虽然初为人师，却因学识渊博、气质高贵、极具亲和力等，深受学生欢迎。学校领导、同事也很"看好"她，认为她天生是当班主任的"料"，前途不可限量。所以我收到她的信后，中午就找她的学生聊天，晚上写了以下回信。）

华老师:

您好!

非常感谢您的信任。据我所知,学生不是太反感您,他们也不是一直这样和您软抵抗。而且您也知道,学生虽然调皮,但他们讲道理,一般知错就改。我听学生说,前几天有几个同学因为打篮球导致上课迟到,您根据班规惩罚他们打扫卫生,他们心服口服,打扫结束后还在微信上发了照片,说让大家看他们的劳动成果。看起来,这些孩子还真挺可爱的呢!

但是,为什么学生就这么不积极参加合唱比赛呢?

班级议事是培养学生民主素质的有效方式之一。议事的过程,也是一个相互妥协的过程。但是,您在和学生议事的时候,只有学生的妥协,没有老师的妥协。学生被否定的次数多了,就忍不住想:"既然老师都想好唱哪首歌曲了,又何必来议事?"还好您平时就比较有亲和力,倘若换成和学生关系不是太融洽的老师,学生说不定在议事中就会撂挑子。现在的情况是:同学们尽管对您心怀不满,却没有明说,只是消极怠工:我不是不会抄歌词,而是不想抄——非不能也,乃不为也。他们是以此来向您表达自己内心的不满。

现实中我们常常会遇到这样的情况:教师明明很想在班里营造一种民主的氛围,内心深处也特别希望自己能民主带班,最大的愿望是能带出一批有思想的学生,但每每遇到竞赛、评奖等事宜,就特别紧张。尤其是一些年轻教师,特别渴望来自外界(主要是领导)的认可,他们不相信学生的眼光,要越俎代庖,将自己的见解强加给学生。如此干涉过多,最终会导致班级议事沦为形式——这是班级议事最容易出现的问题之一。

您可能会说:那又能怎么办呢?周杰伦的歌曲吐字太快,确实不适合中学生合唱;《小苹果》又太绵软,哪里有《怒放的生命》那么有激情啊!如果任由学生选择,肯定会一败涂地。学生年龄小,他们的审美观根本就不可信嘛……

但是,您这样固执地不肯妥协,学生就能唱好《怒放的生命》了吗?他们甚至连歌词都拒绝抄。他们觉得，老师否定的不是他们选择的歌曲，而是他们的审美能力。其实，老师在班级议事中的责任是给学生提出建议，让学生选择。或者说，老师在班级议事中应该做的是：我建议，你选择；你选择，你负责；你负责，你面对；你面对，我陪伴。学生一心一意要唱周杰伦的歌曲，要将老师的建议置之不理。好吧！没关系，老师且妥协一下，就让他们唱周杰伦的歌（这就是"我建议，你选择"），规定好两天之内大致学会并唱整齐（这是"你选择，你负责"）。但估计两天下来，他们就知道那首歌曲不好唱（这是"你负责，你面对"）。这时，老师和学生一起面对（这是"你面对，我陪伴"），继续建议，继续让他们选择。如果他们"不听老人言"，放弃周杰伦的歌曲，又选择了《小苹果》，我们也不用着急！我们不但不反对，还可以继续陪伴他们面对：将《小苹果》这首歌曲稍微改编一下，用轻快甜美的声音唱出来，略微带点表演，效果应该不错。我是一个音乐教师，据我所知，真正有魅力的合唱曲目，不一定气势磅礴、铿锵有力。最能打动人心的中学生合唱，向来都不是那种大吼大叫的歌曲，而是轻快、柔美、阳光向上、层次丰满而和谐的曲目。比如《赶圩归来啊哩哩》《含苞未放的花》等，需要演唱者集中注意力，专注地倾听别人的声音，并控制自己的音量、调整自己的音色，与他人的歌声尽可能地和谐。这本身就是议事的特点——让自己的声音与整体融为一体，呈现和谐而丰满的效果。而大吼大叫的歌曲，容易导致学生只顾自己唱，不顾整体声音是否和谐。这不是合唱比赛的目的（合唱是培养学生倾听习惯以及与人合作最好的方式之一）。另外，老师很多时候受到以往教育的影响，在某些方面，可能还不如学生有见解，却并不自知。这时老师应该做的，是和学生一起面对；是深信"弟子不必不如师"；是看看有什么好办法更好地完善学生的选择。我们永远只是学生成长道路上的啦啦队，只能为他们加油，不能替他们跑步。

倘若学生选择的歌曲实在不适合合唱——比如《小苹果》也唱不好，没关系！我们继续给建议，让学生继续选择并负责。过两天学生唱不成了，会再次改变。这时，老师的建议就可能成为学生的首选了。当学生感受到了班级议事中的"事儿"就是自己的事儿，他们发自内心地想做好这些"事儿"，愿意唱好某首歌，便会用心练习。当所有同学都很用心的时候，短时间内练好一首难度不大的歌曲绝非难事。而我们任意干涉的结果，可能是学生根本就不好好练——连歌词都拒绝抄，你还能指望他们用心倾听别人，并控制自己的音量吗？就算大部分学生愿意听从老师的安排，也有一些学生不那么"听话"。合唱一向是需要所有人用心配合才能搞好的活动，哪怕有一个学生心不在焉，也会影响整体效果。

也许，有人认为班级活动中这样的议事费时费力，却没有收获。但学生在议事过程中成长了，成熟了，他们知道"不听老人言，吃亏在眼前"了，这本身就是一种收获。

我曾带着学生去绿荫广场种植美人蕉。活动结束的时候，绿荫广场的管理人员送给我们一大包美人蕉的根。在路上，同学们就开始讨论美人蕉的根种到哪里好。有人说，要种到教室里。我建议种到校园里。有学生说："老师，这是我们班的花，还是要种在我们的教室里。"我说："教室里没地方，我们没有适合它生长的大花盆。"学生回答："咱班有个垃圾桶坏了，放一些土进去，正好种花。"我还没来得及否定，班长就说："美人蕉的根这么大，种在桶里恐怕养不好。"又有学生说："还是种在校园里吧！就算这是咱们班的花，让人家看看又怎么了？人家看看也是咱的花……""是啊！种在校园里，才有充足的营养……"

最后，美人蕉的根自然是种在了校园里。我们就是通过这样的议事，让学生明白做事情要符合三赢：你好，我好，大家好。美人蕉的根种在校园里，就属于美人蕉好，我们班同学好，整个校园绿化都好。学生商议后做出了正确的选择，他们知道这是自己主动选择的，而不是老师强加给自己的。这一点在学生成长中非常关键。

有一段时间，我们班施行"班长轮换制"。结果，轮换到一半的时候出了问题。比如，有的学生天生不爱操心，丢三落四，导致班级日常管理陷入被动；有的学生在当班长时急功近利，不顾后面班长的工作，闹得同学们怨声载道。这个"班长轮换制"到底还要不要进行下去呢？我听大家的。于是，同学们在班会上分析了这一制度的弊端和优点，讨论了如何扬长避短，最后决定继续轮换下去，后来他们配合得越来越默契。如果没有这样的讨论，凡事都是我说了算，估计大家是不会痛快地相互配合的。

当然，班级议事有其弊端，最大的弊端是效率不高。一言堂效率最高，但一言堂培养出来的学生不具备民主意识和公民素质。因此无论如何，还是要让学生在"民主生活里学习民主"。

但是，也并非所有的事情都要听学生的建议，有些事情是不值得议的。比如冬天早上要不要跑早操。如果听学生的意见，估计多数同学会反对跑操。这时，老师一定要起主导作用。比如我的班级日记里有一篇关于为贫困学生申请补助时，学生贿票的故事。在那个事件里，我当机立断严厉批评参与贿票的学生。关于能否贿票，根本就不用讨论，那是绝对不可以的。因此，关于班级议事中的"我建议，你选择；你面对，我陪伴"也要做到具体事情具体分析。

华老师，我这封回信，依然只是建议，如何选择，还要看您的意思哦！请记住，我一直陪伴在您的左右。

祝您工作顺利。

您的朋友　李迪

班干部不作为，任务布置不下去，怎么办？

李老师：

　　您好！我是一个新入职的教师。学校安排我当班主任，可能是我的经验太少了吧！对于班级活动，不仅是学生不积极，连班干部都不作为，导致一些任务你推我，我推你，布置不下去。别的班级班干部能力都很强，班主任即使请假，班级纪律、卫生也井井有条。而我班的班干部，就算我在学校盯着，很多任务还是完成不了，或者完成不好。其中原因究竟是什么呢？

　　　　　　　　　　　　　　　　　　　　　　　　　　　　齐老师

齐老师：

　　您好！

　　班干部一向是班主任的左膀右臂，拥有一批得力的助手，不仅能锻炼班干部的组织才能、领导才能，还可以让班主任有更多的时间和精力备课、与学生谈心，使得自身素质得到快速提升。我认为，您提到的班干部不作为的问题，至少有两个原因：一是这些学生本身的性格不适合当班干部，班主任对班干部的挑选有误；二是这些学生有当班干部的潜力，但是您作为班主任没有布置好任务，或者没有培养好他们。

　　先谈谈班干部的挑选问题。

　　其实，每个人的个性特点是不一样的，有的学生天生喜欢操心，有一定的号召力；而有的人动辄沉浸在自己的思绪里，只想将自己的事情做好，不会过于留意外界发生的事情。前者属于领导干部的好苗子；而后者，更适合做耐得住寂寞的科研工作者。我们不能说哪一种性格好，哪一种性格不好。班主任若要做到因材施教，最好不要强迫成绩优异、爱思索、不善组织活动的同学必须做班干部。

海伦·帕尔默曾经写过一本《九型人格》的书，齐老师不妨了解一下。此书将人分为完美主义者、给予者、实干者、悲情浪漫者、观察者、怀疑者、享乐主义者、支配者、调停者九种（因是译文，九型人格的名称也许有多种，但含义一样），并对每一种人格的特点做了详细阐述。

完美主义者非常注重细节，爱挑毛病，甚至有吹毛求疵之感。在班级里，这样的学生很常见，他们的书桌总是整整齐齐，一尘不染，作业更是规规矩矩。他们对一件事情的要求很高，总觉得虽然做得够好了，但还可以更好。这样的学生显然是很适合当班干部的。确切地说，这样的学生很适合做卫生委员。他们总能很敏锐地发现班级卫生的问题所在，对同学们的要求甚至比老师对学生的要求还高。当然，他们对自己的要求更高。我曾经遇到过这样的孩子。新生第一次进班，上课铃响后，同学们都在东张西望无所事事，而这个孩子却把教室后所有的清洁工具摆放得整整齐齐，又随手把发教材时包书的牛皮纸用尼龙绳绑得结结实实，说要卖了废品挣班费。我当时就示意同学们向后看，然后大张旗鼓地表扬她，组织全班同学为她鼓掌。

新生入学不久，这个孩子就成功地当选为我们班的卫生委员。从此我们班的卫生再不用我操心。

九型人格的第二种类型是给予者，他们很有亲和力，善解人意，很会照顾别人，特别有眼色。他们遇事不喜欢占便宜，你对他一分好，他必然还你十分好。他们也许没有什么太大的魄力，当不了班长，但是可以做生活委员，去关心同学们。有一天，美术老师对我说："李老师，今天上手工课，带学生学做玫瑰花，需要将塑料泡沫削成一个小疙瘩做花苞。我先在你们班上课，没觉得教室里多么脏。接着去一班上课，同学们每个人都拿一把刀子削泡沫，削的时候也没什么，谁知一下课，同学们站起来随手将身上的泡沫一抖动，我的天！一屋子的泡沫，而且带静电，根本就扫不干净。今天一班班主任肯定对我特别不满……但是，你们班怎么就没这种情况呢？后来我专门到你们班去问，同学们纷纷说：'老师，您上课只顾辅导同学们做花，没有发现，生活委员带着两个同学，对着垃圾桶专门为我们削花苞，我们班就这三个人对着垃圾桶削，而他们班每个人都对着书桌削，我们教室里当然干净了'。"这个生活委员，就属于典型的给予者，很有眼色，也不怕吃亏，总是站在对方的立场上考虑问题。

第三种是实干者，他们每天都有用不完的劲头，有较强的演讲能力，语言很有煽动性。这样的孩子非常适合当班干部，可以委以重任，让他们做班长或团支部书记。我也曾经遇到过这样的孩子。新生入学第三周，我们学校的同事在值班的时候，发现一个叫高昂的孩子在讲台上说："学校每周都会对每个班级的纪律卫生做评比，成绩好的班级会有流动红旗。但是，入学两周了，红旗一直没有流动到咱班。我觉得咱们李迪老师也挺操心的啊！为什么咱班的纪律卫生就不如人家班？流动红旗嘛，就一定要让它流动起来，大家加把劲，下周红旗必须流动到咱们班啊！就这么决定了！当然，等红旗流动到咱班后，就可以不用再流动了……"教室里一时群情激昂。

当同事把这番话告诉我的时候，我惊叹自己的好运气：这样的孩子精力充沛，执行力强，正是我们重点培养的班干部对象。《亮剑》里的李云龙就有这样的号召力，他能一番话就把士兵说得摩拳擦掌、斗志昂扬。李云龙属于典型的行动派，实干者。

第四种是悲情浪漫者，也就是林黛玉型的。他们敏感、细腻，打扮得比较个性，喜欢标新立异，一般不会跟风随大流。他们总是看见落花会流泪，看见流水会感叹，在晚会、派对上置身事外，全身散发出一个信息：热闹是他们的，我只是沉思。他们会时不时地沉浸在自己的小天地里，对周围事物漠不关心，似乎很没有眼色，也不太会照顾人。一般情况下，这样的孩子，不适合做班干部。

第五种是观察者，理智冷静而又能耐得住寂寞。这样的孩子很可能成为学霸级人物，却不善于组织活动。我们尽量不要打扰他们，让他们现在用分数为班级争光，将来用科研为祖国添彩吧！不必让他们当班干部。

第六种是怀疑者，又叫忠诚者。这样的学生很忠诚，有非凡的洞察力，危机意识强，有高度的责任感及团队精神。这样的孩子不适合做班长或团支部书记，因为他们不愿意当"老大"，不肯做决策、拿主意，但是比较适合做副班长、宣传委员、纪律委员或小组长。

第七种是享乐主义者，他们轻松、阳光、幽默、富有创造力、喜欢追求刺激，思维快、说话快、闯祸快、道歉更快。这样的孩子在班里很容易活跃课堂气氛，晚会上只要有他们在，就不会冷场。他们不适合做班长，当文娱委员应该比较合适。

第八种是支配者，他们身上有一种天然的霸气，气场很足。同样一句话，享乐主义者或者给予者说了，没人搭理，但是支配者一说，别人不由自主地就会听信。他们有极强的责任心，喜欢发号施令。我们可以回忆一下，是否有这样的情景：上学的时候，某天深夜，大家在寝室里热火朝天地谈论一些事情，忽然有人大喊一声：别说了，睡觉！大家便默不作声，纷纷入眠。这样的孩子，就属于支配者。如果不让他们做班长或者团支部书记，他们极有可能私下里带一部分人和班主任作对。当然，这样的孩子"三观"必须正确，才可以当班干部。一旦"三观"不正，最好不要对他们委以重任，还要注意别让他们"另立山头"。

第九种是调停者，或者和平型。这样的孩子在班里基本属于"沉默的大多数"，属于班级的定海神针。他们最喜欢说的一句话是：随便。中午吃什么饭？随便。明天穿什么衣服？随便。……这类孩子，显然也不太适合当班干部。

关于"九型人格"，大致内容就是这些。至于如何分析自己班级学生的类型，我建议您一方面通过观察确定，另一方面可以到网上下载一些"九型人格"的问卷，让学生做。我们可以发现，每个人身上可能同时出现三种类型，不过，他们真正的类型只有一种。同时，我们需要注意的是，很多人经过自身的努力、修正，会显现出不一样的特点。比如，很多人看我有一定的组织才能、演讲才能，精力也比较充沛，会认为我是第三种实干者；还有的人认为我喜欢读书、写作，能耐得住寂寞，认为我是第五种观察者；也有人认为我不爱发火、平易近人、无欲无求，以为我是第九种调停者……然而，大家怎么也想不到，我其实是第四种悲情浪漫者——据说这种类型的人最不适合当班主任，但我偏偏一直都当班主任。悲情浪漫者一旦爱上一件事、一个人，会全身心投入，心无旁骛。当班主任能做到这些，就能赢得学生的尊重。

可见，世间万物，皆无定论。上文虽说第四种悲情浪漫者和第九种调停者不适合当班干部，其实也未必。

选好了合适的班干部，接下来，我们谈如何给班干部和学生布置任务。在这里，我提出 PTSRE 五个要点。

P（Person，人），即任务要落实到具体某个人身上。可以几个人做一件事，但负责人必须是一个人。这个负责人也可以把这件事分成几件小事，让手下每个人负责一件事，这就避免了相互推诿的情况。比如，新生班刚刚成立，班级要拍摄集体照。如果老师说：同学们，我们要照相，请班干部带领大家，搬 20 张桌子和 20 张椅子出来。这样布置任务就是不及格的。老师应该说：同学们，今天我们要照相，请班长负责，带领班里的所有男生把自己的桌子搬出去摆放到校园花池前；生活委员负责让所有女生把自己的椅子搬出去，摆放到桌子前。同时，组织委员负责，第一排同学除了搬桌子或椅子，还要把照相器材准备好。拍照结束，大家再把自己的桌椅搬回来。这样将任务分清楚再布置下来，就不会存在工作没人做的情况。

再比如，我们说：同学们，咱们班的卫生一定要搞好。说完这句话，如果没有了后续的强调，效果就不好。应该在说完这句话后，再找值日的小组长说："××，这一周咱班的卫生就靠你了，每天你要在值日生打扫结束后，再专门检查一下。"然后再打电话或发微信给卫生委员说："你一定要操点心，咱们班的卫生就靠你了。每天小组长检查完卫生后，你再检查一遍，看看有什么地方做的不好。"如此，将一般号召和具体任务相结合才有效。

T（Time，时间），限定完成任务的时间。就算是不知道完成任务的时间，也要说一个时间，而不是"尽快完成，越快越好"。那么，任务布置下来，时间定好，允不允许延期呢？允许延期，但是必须让学生中途提前申请。

S（Standard，标准），要有明确的任务完成标准，且标准有可操作性。比如，在参加合唱比赛前，你说：我们要找一个好听的歌曲来唱。但是，每个人"好听"的标准是不一样的。有的人认为铿锵有力的进行曲风格好，有的人认为轻快柔和的歌曲好。有的人认为合唱时声音一定要洪亮，而有的人认为合唱最关键的是和谐。尤其是在参加比赛的时候，我们了解评分标准是怎样的，非常重要。所以，在布置一个任务的时候，一定要和班干部、学生统一任务的标准。

R（Repeat，重复），重要的任务要反复确认。很多班主任都认为自己任务布置得很清楚了，不用再说了。但是很多时候我们发现学生根本就没有理解我们的要求，所以需要不停地强调、监督，而不是布置完任务，就不再过问，导致学生最后完不成任务，被我们批评。如此，学生不免生气，从此不再和老师配合。

E（Examine，检查），要进行督促检查。如果学生完不成任务，可以用娱乐式惩罚负责的班干部，比如让他搞怪地做个鬼脸，或者吆喝一声"××（他自己）没有完成任务"等，既惩罚了他，又不会让他有任何不满。

如果您能做到这些，我想，班干部的执行力就会比较强了。

您的朋友　李迪

第二辑

遭遇学生成长危机

手机进校园影响了教学，怎么办？

李老师：

我是一名英语老师。今天下午在我的课堂上，猛然响起了手机铃声，我当时怒火中烧，瞪着铃声响起的地方，打算没收手机。不料手机在几秒钟之内，由教室右后方迅速传递到了教室左前方的班长手里。我的肺都快要气炸了——学生怎么能在转瞬间联合起来跟老师作对呢！尤其是班长，他竟然让手机传到了自己手里，真是枉费了我培养他的一片苦心。

李老师，不是我们教师教学水平不行，实在是手机"魅力"太大，我们争不过啊！现在随着智能手机的普及，学生几乎人手一部。校园里，学生走路、吃饭、睡觉，无时无刻不在玩手机。下课休息时间，教室里80%以上的学生是"低头族"，他们或打游戏或看无聊的网络小说；上课时，安静的课堂不时传来QQ、微信的滴滴声，严重影响教学。对此，您有什么看法？

何老师

何老师：

您好！

其实，关于手机进校园究竟是堵还是疏，已经成为班主任刻不容缓要解决的问题。就我本人而言，也曾尝试过多种方法。比如，最初我是费尽心机地说服家长别给学生买手机，但是家长说，孩子一旦没有按时返校或回家，他们会非常担心；接下来，我绞尽脑汁地说服学生，让他们在周一早读时把手机用纸包好，写上各自的名字交给我，等周五下午放学后再拿回去。周一到周五家长若有事，可以给我打电话或短信留言。但是不久就感觉不妥：首先是我办公桌上放着那么多手机，管理上存在安全隐患；其次是班里出现了问题，班干部无法及时和我联系，难免被动。再后来，我借鉴同事管理手机的做法，将全班学生分为若干小组，每组允许保留一部手机，由组长保管，全组使用。而且明确规定，在手机的使用过程中，不得影响正常的教学和学习，每组话费不得超出固定数额。原以为这样的规定比较折中，但是学生之间的矛盾很快就出现并激化了。因为一部分学生有事没事都想打电话，而手机费用是有限的，这让小组长很难处理。同时，个别自控能力差的学生旷课跑出校门，或不按时就寝，我联系不到他们，更加担忧、头疼。

于是，有一段时间，我和学生重新制定了班规，手机归还大家，但上课、早读、晚自习期间以及大集合、升旗时要关闭手机，由我监督检查学生上课期间是否关机。方法是：我在上课期间随意拨打他们的号码，我只要打通一声，就可以断定他们没有关机，那么该同学的手机下课后就被没收，周末再拿回去。然而，这样一来我每天惦记着打电话，特别麻烦，简直是作茧自缚。我若不检查呢？学生便存侥幸心理，他们控制不住自己也就罢了，关键是我偶然的检查会让铃声无端响起，反而影响正常的课堂教学秩序。

一系列尝试都不成功，怎么办？我开始重新审视和反思自己的做法。

克里希那穆提说："只有当你缺乏理解的时候，才有掌控的必要。如果你已经把事情看得很清楚，自然就不需要掌控了。"

在手机进校园的利弊上，我以上的做法虽然也在积极探索"怎么办"，却没有分析"为什么"。而手机作为新的通讯工具进入校园，我们只有接受它、了解它、分析它，才有可能引导学生正确对待它。

稍做探析，我们不难发现，学生带手机进校园的原因不外乎以下几点：学习兴趣减退说——课堂教学不能吸引学生，学生只能找新的目标打发时间（这需要我们教师提高授课艺术）；家长忙碌遥控说——父母无暇照顾孩子，借助手机进行监管（这种情况无可厚非）；迷恋网络游戏说——学生上网成瘾，通过手机上网玩游戏；爱慕虚荣炫耀说——部分学生为了在同学中炫耀自己的身份；追求时尚从众说——学生担心自己没有手机显得落伍。当然也有一部分学生买手机是为了寻求学习方面的帮助。比如，有的同学性格内向，在生活、学习上遇到困难又不敢问他人，便借助手机上网解决（这种情况应该鼓励）。作为班主任，客观地讲，我也尝到了手机进校园的甜头。比如，我常利用校信通提醒同学们添加衣服、整理寝室等；若某个学生表现好了，我会发短信鼓励他；学生犯了小错误，我还会发短信善意提醒或批评他；若学生情绪出现波动，我就发短信安抚、关心一下。更多时候，我则用手机和班干部联系，及时扼杀班级管理中出现的一些不良苗头——打架、吵闹等。手机短信显然是和谐师生关系、增进师生感情的有效方式之一。

总之，我感觉学生带手机进校园有弊也有利，一味地明令禁止手机进校园并非上策，"一刀切"式地将手机堵截在校园外更是不可能的。我们现在该思考的是：如何将手机进校园的弊端降到最小？

再回头来看我先前在班级里所做的各种尝试之所以收效不大，根本原因就在于我过于强调外力的束缚，而忽视了学生本身成长的内驱力。我错在一味制止，而没有合理引导。

认识到这一点后，我首先做的就是对学生使用手机进行"积极关注"——即对学生言语和行为的积极面予以关注，从而使学生拥有正向的价值观，养成合理使用手机的习惯。

"积极关注"是心理咨询师常用的助人技巧。咨询心理学认为，凡是助人工作，首先要抱有一种信念，即每个受助者都可以通过自己的努力和外界的帮助，变得比现在更好。以此观点来思索我们当下关注的手机话题，就是说，我们要坚信学生通过自己的努力和老师的引导，能将手机进校园的弊端降到最低。

打定主意后，我在班级里开始做问卷调查。设置的问题包括：你的手机是谁送的？他（她）送你手机的初衷是什么？实际上，你主要用手机做什么？你认为中学生带手机有哪些危害？你的视力、听力、注意力等是否因使用手机而受到了影响？作为消费者，该有怎样的手机消费观？作为独立的个体，自己要不要在手机问题上随大流？等等。这一系列问题旨在提醒学生：手机问题实质上是消费观的问题，是理性思维的问题，是身体健康的问题。当学生认真思索并给出答案后，就可能产生新的认识，走出先前的认识误区。与以往讨论不同的是，这种改变不是靠老师说服或父母禁止，而是自己权衡利弊，做出正确选择。这一做法在某种程度上引导了"爱慕虚荣炫耀说"和"追求时尚从众说"的学生。

当学生在观念上有了转变后，师生再次协商开、关手机的时间。在协商过程中，一定要让学生明白，民主教育是讲究妥协的教育。妥协的含义，是师生双方都勇敢地接纳对方观点中的合理因素，服从真理以完善自己的认识。这样，学生就能切实做到在使用手机时考虑到自尊和尊重别人，不会让铃声在课堂上响起。学生也不会对禁止上课开手机的规定产生逆反心理——因为教师也接纳他们的观点，允许他们带手机进校园了。

很多时候，学生禁不住手机的诱惑不是观念问题，而是意志问题、习惯问题。比如，有的学生听课习惯不佳，喜欢萎靡不振地趴在桌子上，这样很容易开小差，开小差后就禁不住要玩手机。想到心理学中的"超限效应"（指刺激过多、过强或作用时间过久，会引起极不耐烦或逆反的心理现象），和中国人做事讲究"迂回曲折"（即如同舞台上的青衣走台步，明明可以直奔主题，却喜欢绕着舞台走一圈），我不愿意每天重复玩手机有弊端的话题，便利用班会课给学生讲礼仪，辅导学生正确的站姿和坐姿，并告诉他们这样做可以提升气质。学生一听正确的坐姿、站姿能让女生亭亭玉立、男生器宇轩昂，无不严肃认真。我又说，这样的练习不是一蹴而就的，要每时每刻都注意。所以，无论是上正课还是自习课甚至是课外活动，一旦发现学生萎靡不振，我都会悄悄提醒，他们也会真心感谢。只要学生在课堂上挺胸抬头，听课状态自然就好，自然没有空暇低头玩手机了。而老师感受到学生目光炯炯地盯着黑板，讲课便更生动，备课也格外认真（师生的教与学是良性循环的）。这一做法在某种程度上解决了学生"学习兴趣减退说"和"迷恋网络游戏说"的问题。

即便如此，还是不能完全杜绝学生在课堂上玩手机的情况。这时就要求我们用严格的制度和措施处罚他们（制定严格制度的时候，一定要让学生明白民主和法制是并行的）。比如，第一次忘记关机影响了课堂，老师可以对他进行提醒加教育——因为谁都有忘事的时候。但第二次忘记关机就得坚决没收，唯一可以通融的是老师和学生签订协议，如在即将来临的考试中，能保证每门功课提高多少分，就可以拿回手机；如果这一次没能达到，下一次达到，仍然可以拿回手机。假若学生见缝插针，用手机在课堂上打游戏，那对不起，收你没商量，而且尽可能做到毕业以前不归还。

最后，在处理学生手机的问题上，我想再给大家几点温馨提示：一是不要违法。毕竟手机是学生的私有财产，没收了一定要妥善保管。二是不要侵犯学生隐私。在手机被没收前，允许学生把内存卡取出来。因为手机里可能有学生不愿让别人看见的短信、照片。三是千万不要因此使师生关系恶化。有的学校在处理学生的手机时，采用了一些极端的方法，如发现使用，就地销毁；也有老师直接把手机扔到楼下。这些方法可能起到"杀一儆百"的效果，但容易伤害师生的感情。四是老师在使用手机的问题上要以身作则。有许多老师将手机带到教室，学生正在认真听课或安静地写作业，老师的手机铃声突然响起，更有甚者拿出手机就在课堂上接听，扰乱学生的思维。所谓"其身正，不令而行；其身不正，虽令不从"，教育学生合理使用手机，老师就应该以身作则。

希望这些方法能给您一定的启发。祝您工作顺利！

您的朋友　李迪

学生考试失败，走不出心理阴影，怎么办？

李老师：

    在一个班级里，总有部分学生在大大小小的考试或竞技活动中遭遇失败，有的学生因为屡遭失败、看不到成功的希望而变得日渐消沉；有的偶尔失败一次就感觉天塌下来了，从此一蹶不振；也有屡败屡战，越挫越勇的……失败并不可怕，可怕的是有一部分学生害怕失败，经受不了失败的打击，结果越是害怕，就越是走不出失败的阴影。作为班主任，您肯定关注过这种情况，您能就此问题，给我一些建议吗？

张老师

张老师：

    您好！

    在学生的心理问题中，考试焦虑是最常见的一种，采用美国著名心理学家埃利斯首创的"合理情绪疗法"进行疏导比较有效。

    "合理情绪疗法"认为，使人们难过和痛苦的，不是事件本身，而是对事件的不正确解释和评价，这就是 ABC 理论。A 代表诱发事件（比如考试失利），B 代表学生对这一事件的看法（我应该是一个出色的好学生，这次不及格真是太糟糕了），C 代表继这一事件后，个体的情绪反应（比如焦虑、沮丧）。一般认为，学生考试失败直接引起了沮丧、焦虑，但合理情绪疗法认为引起学生痛苦的，不是考试事件，而是学生对这一事件的看法。

    在这里，老师很有必要让学生明白，不合理信念的三个主要特征是：绝对化的要求、过分概括化以及糟糕之极。

    绝对化的要求是指学生从自己的意愿出发，认为自己"必须"和"应该"怎样，如"我必须获得前三名"，事实上是很难实现的。

过分概括化是一种以偏概全的不合理的思维方式，如某生数学总考不及格，就认为自己不是学数学的料，这就是过分概括化。或者有的学生因各科成绩不佳，就认为自己"一无是处"或"毫无价值"，也属于过分概括化。

糟糕之极是一种对事物的可能后果非常可怕、非常糟糕，甚至是一种灾难性的预期的非理性观念。我们应该让学生明白，别说一次普通考试失利，就算高考因偶然因素失败了，也并非糟糕透顶。

在运用合理情绪疗法辅导学生走出焦虑阴影时，首先让学生列出事件、情绪、观念，其次带学生领悟他自己所存在的不合理信念，然后在老师的指导下，让学生与自己的不合理信念辩论，比如"你怎么证明自己是一个一无是处的人？"、"考试失败这件事情究竟糟糕到了什么程度？你能否举出一个客观数据来证明？"等。

一般来讲，学生不会轻易放弃自己的不合理信念，他们会寻找各种理由辩解。这就要求老师耐心一些，时刻保持清醒、客观、理智，根据学生的回答一环扣一环，温和又坚定地抓住学生的非理性内容提问，使对方感到为自己信念的辩解理屈词穷。与此同时，还得帮助学生认识到如何让合理信念代替不合理信念，以后即使是自己不希望发生的事情发生了，他们也能以合理信念来面对现实。

具体的操作，有以下几方面：

一、考前"减压"，考后"育心"

考试前，很多班主任喜欢在黑板上写下这样一些鼓励性的话，比如，"信心＋细心＝成功"、"我的未来不是梦"、"祝你成功，加油！"、"孩子，你是最棒的！"等。其实，这些看似鼓励性的话语，却容易给孩子造成一定的心理压力。所以，每次考试前，我喜欢带着孩子们在黑板上画画，我的画里有温暖的阳光，湛蓝的天空，飞翔的小鸟，绿茵茵的草地，一群开心奔跑的孩子，人与自然相谐相融，视觉上给孩子一种美的享受，心理上自然也会有一种轻松愉悦感。当然，同学们的画和我的不一样，有时是一幅漫画，有时是孩子喜爱的一个卡通形象等等。当孩子抬起疲惫的双眼，眼中立即出现一片美的世界，相信孩子的心也会随之温暖而愉悦起来。我能理解孩子的心，孩子也能读懂我的画，这样能有效地在考前为学生进行"减压"。

考试后，作为班主任的我，很少去和孩子一起探讨试卷上的题目如何如何做，而是把他们带到操场上，做一些"心理辅导"的团体小游戏。比如，让每个学生自由地、大声地喊出自己最想说的一句话，或者是将全班学生分成若干小组，交给每个小组一个充满挑战和趣味性的任务，然后小组间开展比赛，小组成员要想取得好成绩，需互相合作方可实现等等。通过学生大声地喊叫，让他们释放自己的能量（压力），同时进一步积蓄能量（动力）；通过一些简单而有趣的小游戏、小比赛，让学生感悟到比赛的过程比结果更有趣，更有意义。同时为学生进行有效的考后"育心"。

考试的结果很快出来了，学生拿到自己的试卷，心里便淡定了许多，不因考好而沾沾自喜，不因考差而灰心丧气，学习过程永远都比学习结果更有意义。如若还有个别学生承受不住分数的折磨，当个别对待。

二、与错误谈心，与失败对话

这一招，是我向我的爱人学来的。

爱人和我是高中同学，他是我们学校当时的学霸。结婚后，我在整理他以往物品的时候，发现一摞厚厚的笔记，上面记录着他从高中开始每次考试的心得体会。他的总结细致独到，既查找了失败的原因，又从错误中得到了收获，话语朴实，态度诚恳。

这时候，我才知道自己当时为何成绩不如他：我每次考试后，要么沾沾自喜，要么自怨自艾，而人家却在争分夺秒地总结考试的经验和教训，甚至连伤心悔恨的时间都没有。

孩子上学后，我们就把这个心得告诉了孩子，让孩子明白，错误与失败总是与我们相伴相随，只要像爸爸一样真诚地反思，我们就会从中学到很多东西。错误与失败不可怕，可怕的是这次错了，下次还错。孩子开始在考试后很认真地反思自己的错误与失败，并开诚布公地查找原因、盘点体会、积累经验。

后来，我又把这样的考试反思本给学生看，同学们很快就发现，学霸之所以是学霸，不仅仅因为天资聪慧，还因为重视考试后的分析。原来每一个错误和失败里，都蕴含着一份沉甸甸的启迪与收获。

为了进一步感知错误与失败，我和学生们郑重约定：每次考试以后，都要拿出真诚和勇气，跟错误谈心，与失败对话，谁越真诚越有勇气，谁将会受到老师和同学的尊重与爱戴。就这样，"相约考试后"渐渐成为我们班的品牌节目，学生们的热情也随之高涨起来，由原来的害怕错误与失败，到现在细心研究错误与失败，甚至觉得这里面蕴藏着某种无法言说的兴趣和挑战。更有意思的是，我还能隐隐约约地感觉到，每次考试过后学生们对"相约"特别期待！

三、寻找潜意识里考试失误的原因

秦燕是朋友的女儿，此刻，她站在我的面前，一脸的绝望。她的数学这次又考了五十几分。每次数学考试，她总是53、54、58……从没有超过60分。这次，她不能接受这个分数，因为她在数学上花的时间多得不能再多了。她认为自己就是笨，不适合学数学。

简单的安慰不行，要她相信自己也不会有什么效果。她需要什么呢？

她在数学上，已下了很大功夫，很努力了，按说应该能考好。问题出在什么地方呢？

我问她："平时上课能不能听懂？"

"能听懂。"

"平时做作业，题目能不能做出来？"

"绝大部分能做出来。"

从她的回答中，我知道，她并不是不适合学数学，而是考试时出了问题。

我又问："考数学前，是不是特别想考好？"

"当然想考好了。特别是自己老考不好，就更想让自己考好，但每次就是考不好。"她有点丧气地说。

我明白了，她特别想考好，考试时就会特别紧张，特别害怕有题目做不出来。一旦遇到题目做不出来，就会焦急万分、不知所措，思维就会出现所谓的"卡壳"现象，什么都想不出来了。我问她是不是这样，她立即说："是的，是的。有时明明平时会做的题目，那时就是想不起来，真是急人啊！"

见我的想法得到了她的肯定，我对她说："你的数学能考好，相信吗？"

她不相信地盯着我看。

"只要你不想考好就行了。"

她更疑惑了。

我问："你一般数学能考多少分？"

"总是 50 多分。"她有点不好意思地说。

"下次数学考试，你准备考 50 分就行了，50 分能不能考到？"

"那当然能考到。"

"考试遇到不会做的题目时，就这样想：我只要 50 分，就算有 100 分我都不要。一道题不会做有什么关系呢？即使有几道题不会做，我还是能考 50 分的。"

她听了，觉得有点道理，愿意试试。

期末考试的时候，她的数学竟然考了 123 分。而且从此以后，她的数学成绩，每次都在 100 分以上。她再也不怕数学考试了。

秦燕之所以每次考不好数学，不是能力问题，而是心理问题。就好像我们很多时候过于在意某件事，反而容易导致这件事发生一样。比如有的人因为亲人患癌症，在医院陪护，每天看到的都是病人痛苦的表情，忍不住会想：我一定不要患病，我一定不要患病……过段时间，反而真的会"发现"

某些癌症的病症。其实，这不是真的生病，而是心理原因，不过时间久了，也可能转为器质性疾病。

现实中，还有一种非常听话、优秀的孩子，平时学习成绩挺好的，所有的难题都会，但是每逢重要的考试，成绩就会下降。心理学家武志红认为，这是孩子在潜意识里反抗自己的父母。这样的父母一般情况下都比较强势、认真、负责，对孩子要求很高。孩子表面上也非常听话，真心觉得应该让父母满意，但是他们潜意识里对父母的强势非常不满，又不敢表现出来，因此每次考试都会出差错。孩子自己都意识不到，他们每次考砸后，其实有那么一丝小小的快乐，但是马上被内疚所代替……遇到这样的情况，班主任好好和家长沟通才是上策。

四、师生飞鸿，沟通无限

上文说过，我曾给学生写过十几万字的书信，这真是一个很有效的沟通方式。书信中，我们畅所欲言，开心的、烦恼的、互相欣赏与鼓励的……当他们因为考试失败而沮丧时，也总会在沟通本中寻求开导。学生们往往能在快乐的沟通中逐渐走出阴影。下面就是我从众多的沟通案例中选取的一篇。

爽在沟通本中写道：

今天语文我只考了 65 分，我都不敢写"65"这个数字，我真的不知道为什么会这样，我上课都有在听啊，都是在跟着老师的思路走，为什么就考不好呢？我心里感觉很难过，虽然脸上还是笑笑的，可又有谁知道我的心里在想什么呢？真的很难过，只有 65 分，我真的感觉对不起我的爸妈，他们在外面辛苦地赚钱供我上学，而我却用这种成绩来回报他们。今天晚上我哭了，虽然只流了几滴眼泪，可又有谁知道我是多么的伤心，多么的难过呢？……

我看了爽写的内容后这样与她沟通：

爽，成绩偶尔考差了没关系，胜败乃兵家常事嘛！关键是学习态度不能松懈。你能流泪难过，我很心疼，也有点欣慰。有些同学考得不好，还是吊儿郎当的，那才不行呢。考试过后，最重要的是查漏补缺。祝你在即将来临的期中考试中发挥出好水平，考出好成绩！

爽回复道：

老师，谢谢您，我会努力发挥自己的水平，考出好成绩，为自己加油！加油，加油！

其实孩子需要的，也许不是灵丹妙药，而是理解。

您的朋友　李迪

学生不理解低碳生活，怎么办?

李老师:

您好!

现在雾霾越来越严重，全社会都在倡导低碳生活，但学生还存在浪费严重的问题，没有节约意识。作为班主任，我们应该如何发挥班集体的圈子效应，有意识地引导和指导学生了解低碳生活，去做低碳生活的自觉践行者? 您有什么好的做法吗?

娄老师

娄老师:

您好!

我非常高兴和您交流这个问题。保护环境、低碳生活不是一个口号，而是一种融入生活点点滴滴的行为方式，是一种素质，一种修养，是我们所有人都应去践行的事情。如果说知、情、意、行是道德品质的四要素，今天我们讨论如何引导学生低碳生活，不妨也从这四方面谈起，只是我们要换一下顺序，是知、情、行、意。

一、知——统一思想，认识低碳生活和勤俭节约的意义

现在的学生，生在福窝中，长在蜜罐里，有时候我们给学生提节俭，他们不但烦，还会反过来笑我们老土:"如今国家都提倡消费拉动内需了，你还要节俭，你out了!"

有一次我到哥哥家去做客，晚上哥哥说要开车送我回家，我谢绝了。哥哥说:"那好吧! 你出门打个出租也很方便。"我说:"何必打出租呢? 门口公

交车很多，我坐公交车回家。"侄子听了笑道："姑姑，你别对自己这么抠好不好？你就缺那点儿钱呀？"

听听现在年轻人的心声，他们要么认为节约没有"拉动内需"，要么认为坐公交车是对自己"抠门儿"。

因此，我常常瞅准机会，在和学生聊天、玩耍时娓娓道来："节俭是为了缓解家庭经济压力，有很浓的家庭味；而低碳是为了缓解生活消费对环境造成的压力，更具有公益性。节俭提倡艰苦朴素，讲的是修养和态度；而低碳追求科学健康，更讲究思维和方法。在多数人看来，节俭是一种克制，是反对享受；然而，有识之士认为低碳是为了更好地享受生活，是特殊形式的张扬。如果节俭是优良传统，那低碳就是时尚追求。因此，离开房间要关灯，不仅仅是为了节省电费，还是为了缓解国家的能源危机。节省纸张，不仅仅是为了省买本子的几毛钱，还是为了保护树木，美化环境。自己乘公交车出门，不仅仅是为了节省油钱，还是为了减少汽车尾气排放对环境的污染。不坐车，而骑自行车、步行，不仅仅是为了节省车钱，还是为了锻炼身体，为了健康……"

学生听了，往往沉思着说："还真有点儿道理。"

另外，学生不是常常追星吗，我们还可以组织学生们利用业余时间，去查一下明星们的低碳生活是怎样的，并在班会课上进行展示。以下是我班学生收集到的资料：

演员周迅为追求低碳生活，吹头发时，以前湿的时候吹，现在擦干了再吹。

美国流行乐组合"后街男孩"，作为当今国际乐坛最为成功的男生团体，在北京演唱会上呼吁："来看我们的演唱会，请骑自行车！"他们四人在生活中都很少开车，外出以乘坐公共交通或骑自行车为主，路程近的话则选择步行；他们一般不用纸巾，而是以一种新的环保时尚——手帕替代；他们出门前会关掉所有电源，即使在家用电脑听音乐，也会把显示屏关掉，用耳朵和心去聆听……

国际巨星成龙每次离开酒店前，都会将在酒店内已经使用的肥皂包起来，到另一个酒店住下后接着用。无论走到哪里，成龙都会带着自己的餐具，拒绝使用一次性餐具。

濮存昕在政协会议开幕当天，骑自行车来北京国际饭店报到。冯小刚导演"低碳之春"演唱会，特别安排明星们以骑自行车的方式登场。

……

在我的劝说和明星们的示范下，学生很快就认可了低碳生活是一种时尚行为的说法，并从内心排斥浪费的行为，从而完成了对低碳生活的"知"层面上的掌握。

二、情——用实例感染学生，组织节约主题活动

在统一了思想，认可了节约是一种时尚后，同学们对低碳生活依然停留在语言层面，并没有从内心深处将节约内化为自身的素质。这时，我们不妨用现实里的一些例子，让学生亲身体会到节约的重要性，激发他们对浪费的厌恶之情。

有一次，一向温顺低调的俊丽，忽然和班里的同学小古发生了激烈冲突，原因是小古从卫生间出来，匆匆洗手后，没有关水龙头就打算离开，恰好被俊丽看见，俊丽怒喝了一声："小古，你怎么能这么浪费？"小古当着众人的面被批评，感觉很没有面子，反驳道："又不是你家的水，关你什么事？"俊丽很冲动地跑去拉住小古，要她立刻关水龙头。小古不服，两个人扭打在了一起……

我听说后也觉得纳闷：俊丽一向不声不响的，怎么会忽然打架？

细问下来，才知道俊丽家在山区，平时吃水都是到三里外的邻村去挑水。她的母亲体弱多病，常年卧床，勉强能生活自理，但是不能挑水。她的父亲在煤矿工作，一周回家一次。俊丽来上学后，母亲吃水就成了大问题。

父亲每周回家，会把家里水缸、水桶、锅、盆子等所有能盛水的器具都放满水，勉强够母亲用一周。所以俊丽见不得同学们浪费水。这次在我们统一了思想，认识到勤俭节约、低碳生活是一种时尚后，俊丽非常高兴，却没想到同学们的"节约"只是停留在语言上，小古竟然还是不关水龙头！

全班同学听说此事，都被震撼了！不禁想起那句著名的公益广告："不要让地球上的最后一滴水，是你的眼泪。"连我在内，也不知道现在农村还有吃水如此困难的人。

这一次，同学们才从感情上真正认可了节约和低碳。

接下来，我们开始举办关于"采集节水妙招，落实节水行动"的主题活动。

第一步，采集节水妙招。利用五一假期给同学们布置任务，采访邻居或亲人，收集节水金点子。

要求：采访人数不限，但要做好记录，重复的妙招只记一次。每一个节水妙招都要记录清楚具体的操作步骤。认真填写采访记录表。

采集节水金点子记录					
采访时间		采访人		采访对象	
节水妙招					

第二步，展示妙招，评选优秀小记者。

（1）小组展示，划去相同的点子，保留不同的点子。检测不可用的招数，完善记录不具体的步骤。

（2）各组代表抽号决定展示的顺序，展示节水金点子。负责讲述的组员，讲述自己组的点子，说清具体的操作步骤，前面小组说过的点子，不能重复。有疑问的同学可以向讲述小组提问，记录整理人负责解答疑问。

（3）各组选出一名同学和老师共同担任评委，给每一个展示的金点子打分。评分标准：点子好5分，讲述清楚5分，两者加起来是总分。

（4）评出"节水金点子"优秀小记者一、二、三等奖得主。

（5）老师负责把所有获奖的金点子打印出来，每人发一份。

第三步，落实节水行动。

（1）依照发下来的金点子，学生自己实践落实，让节约用水行动内化为习惯。循序渐进，从最容易落实的一个节水点子入手实践。一周后，增加一个点子，两个点子一起实践。以此类推。

（2）把节水金点子贴在家里的醒目位置，每天带动家人学习一次，鼓励和督促家人实践落实，让节水意识和节水习惯走进家庭。

（3）说服每一个家庭成员，让他们去带动自己的朋友落实节水习惯，让节约用水的习惯走进千家万户。

对任何一种行为，都是付出越多越能得到认可。通过这样的活动，低碳生活的理念才算深入人心。这在心理学中叫"栽花效应"，人们对自己栽的花、付出的努力，格外有感情。

三、行——在日常生活中，引导学生"变废为宝"

举办了节约用水的主题活动后，我们可以号召学生变废为宝做手工。

第一次了解变废为宝，是学前教育的学生到幼儿园实习，发现幼儿园的很多手工艺品，都是用废弃的物品做的。比如，用纸箱子刻公鸡、小猪等物品，把废报纸揉成团，外面包一层纸，涂上颜色，粘到墙壁上做立体字。后来，我们班在布置教室的时候，也开始尝试用方便面袋子背后亮晶晶的一面，剪成小星星粘到天花板上；用矿泉水瓶子养花草，挂满墙壁；用纸盒子做浮雕；等等。在学生实习前汇报演出的时候，我们班学生在美术老师的指导下，用塑料袋做婚纱，用报纸染上颜色做礼服，效果很好，演出赢得了一阵阵掌声。

现在到超市购物，大多数是用塑料袋，既不结实，又难以处理。望着家里难以处理的旧衣物，我怀念起上学时妈妈为我缝制的小巧、结实又好看的碎布书包。我决定搜集家里较结实、颜色较好看的废旧衣物的边角，让妈妈帮忙缝制几个书包，用来提书和日常购物。

发现我手提书包进教室，再加上我对这样的书包一番夸耀，学生马上喜欢上了这样的书包。我便教他们动手缝制。从此，我的学生去超市不再用塑料袋，而是换成了结实耐用的布书包。

现在有了微信，微信上关于用不穿的衣服做地毯、垫子等方面的例子太多了，甚至还可以在不穿的鞋子里种植花草。这些做法，无一不显示出一个充满爱心的人的情趣。如今，学生再也不会认为变废为宝是吝啬的表现了，那分明是创意、情趣的另一种诠释。

比如，现在我的桌子上还放着一个精致的笔筒，是用黄色的易拉罐做成的，笔筒的顶端用剪刀剪成了密密麻麻的细丝，弯下来，远远望去仿佛一朵盛开的黄菊花。开晚会的荧光棒是用五彩缤纷的糖纸裹成的，而且裹得错落有致。很多学生的坐垫是用家里废旧的碎布做成的。我们以行动来践行低碳生活。

四、意——带学生欣赏环保视频，强化意志

我曾经带学生欣赏过一部微电影《地球来信了》，一共五分钟时间，由许晴为地球妈妈配音，其他一些著名影视明星表演，非常感人。学生看完后，我们再次讨论，除了节约用水、变废为宝，如何低碳出行？我问走读生："你们上学时是怎么来的呢？"

学生纷纷回答："我爸爸每天都骑摩托车送我，方便快捷。"

"我爸爸每天都开小轿车接送我，速度快，而且冬暖夏凉。"

我接着追问："为什么不坐公交车呢？或者骑自行车、步行？"

"公交车太慢了，不方便。"

"骑自行车，爸爸、妈妈担心不安全。"

"我家太远了，步行要迟到的。"

学生们的回答各种各样。等他们安静下来，我意味深长地对他们说："地球是我们大家的，同学们不能只顾着自己方便，就不顾地球妈妈的感受。当今世界，各个国家都在提倡低碳生活，提倡少坐小轿车、摩托车，多坐公交车、骑自行车或步行出门，就是为了减少二氧化碳的排放。每天上学时，我看到很多同学是坐小轿车、摩托车来的，车辆一多，学校门口经常发生堵塞。这不仅仅是低碳环保的问题，还涉及安全问题。"学生们都不作声，静静地望着我。

良久，有住校生建议说："其实，如果家离学校不远，我们完全可以步行来上学，既锻炼了身体，又培养了自己的意志。如果家离学校较远，可以自己骑自行车或坐公交车来上学，这样既响应了低碳生活的号召，又让我们上学、放学更加安全，门口也不至于天天堵车，不是两全其美吗？"

……

总感觉，中国人有一种固执的"归隐山林"的情结，因此，我们才会在科技日益发展的同时，渴望过返璞归真、恬淡纯朴的生活——用时髦的语言来说，就是与世界接轨，倡导过"低碳生活"。

冯友兰在《中国哲学简史》里说：中国古代没有专业的哲学家，因为中国古人一开始识字读的就是《三字经》、《论语》、《道德经》等哲学书籍。随着时代的发展，儒家的积极有为、道家的淡泊超然、释家的空灵飘逸等气质，早深入每个文人——甚至目不识丁的农民的骨髓，因此我们才会在生活中一面期盼入世的有为，一面向往出世的淡泊；一面求闻达，一面想隐退；一面努力钻研科技，一面渴望归隐山林。这认真又豁达、执着又飘逸的性格，造就了一群群真实鲜活、生机勃勃的教师。我们在教学生活中，要用自己的行动影响孩子去过"低碳生活"。就我自己而言，一直停留在交通工具以自行车为主的阶段。那么，我们是否就可以说，电、汽车、飞机等科技产品就可以永远远离我们的生活？难道化肥、农药等根本就没有必要存在吗？我们发明这些做什么？学生学习科学知识又有什么用？据说，有的地方专门开辟了低碳游，在那里没有电没有车，交通基本靠走，通讯基本靠吼，取暖基本靠抖，治安基本靠狗。思忖一番，这样的"低碳"玩玩可以，若真要倡导，未免就有矫枉过正之嫌了——在教学中，我们务必告诉孩子们这一点，免得孩子们认为"读书无用"。

低碳是节俭，但更是一种时尚，倡导低碳生活，为的是我们能更好地享受生活。因此，低碳和享受并不矛盾，如同我们的积极有为和"归隐山林"情结并不矛盾一样。悠闲的生活是我所渴望的，但我从不抱怨自己如今的忙碌。一个人若从没有忙碌过，从没有痴迷地、废寝忘食地做过一件事情，而是打一开始就放松、闲散，那样的人生是无味的，与其说是悠闲，不如说是无聊，是懒惰，是对生命的不负责任。同理，一个民族如果从一开始就拒绝火车、电器、化肥等科学产品，这样的生活与其说是"低碳"，不如说是愚昧、落后。

所以，我说自己向往的生活是悠然的田园生活，那也必然是经历了大风大浪、大起大落、艰苦奋斗、积极进取后，自己主动选择的宁静淡泊，只有在这样高品位的、自主自愿的生活里，才能深切体会到悠闲的妙处。而我们倡导低碳生活，必然也是在掌握了高科技的同时，那种自由自主的选择，绝不是无奈的凑合。

应该说，人一生的每一个阶段，都有自己应该做的事情，在应该奔忙时积极地奔忙，在应该隐退时快乐地隐退。

说白了，低碳生活其实就是要求我们过一种有节制的生活，少破坏、少浪费，节约有度，与自然和谐共生。

仅供您参考！

您的朋友　李迪

学生沉迷于看闲书、网络小说，怎么办？

李老师：

　　您好！

　　近来发现学生不爱活动，下课后也总是待在教室里。细问之下，才知道他们在看各种闲书、网络小说。学生扩大阅读面原本是好事，但他们一般都沉浸在漫画书或三流作家所写的言情小说里，有时候上课了还忍不住偷偷看，影响了课堂学习质量。作为班主任，我们应该怎样引导学生进行阅读呢？

　　　　　　　　　　　　　　　　　　　　　　　　　　　　　　周老师

周老师：

　　您好！

　　非常高兴和您交流关于阅读的话题。朱永新老师曾说：一个人的阅读史就是他的精神发育史。读什么，将最终决定我们可能成为什么样的人。我很难想象，如果自己没有在中学时代痴迷唐诗、宋词、《红楼梦》、琼瑶小说以及小说里的诗词，我是否还会像现在这样敏感、善思？如果在大学里没有一知半解地阅读过《老子》、《论语》，我是否能像现在这样在该积极工作的时候奋发努力，在该追寻心灵宁静的时候快乐隐退？也许当时的阅读是无意的，但我坚信任何真诚的阅读对于生命都极为深刻、重要，它像是一粒粒神奇的种子，深埋在灵魂之下，只要某一天生命的土壤被生活之犁重新犁开，某一粒种子重新暴露于空气之中，它就会迅速地萌芽，长成生命中新的乔木。

　　因此，我们在教学中引导学生阅读值得品味的优秀书籍，对孩子们的成长是非常有意义的。但是，学生是有思想和见解的活生生的人，他们显然有着自己的阅读爱好。我们一开始不能直接告诉学生："你读这些书是不对的，应该读那些书。"因为如果谁要引导我做什么，他的方向必须和我是一致的。如果他总是站在我面前说，你不能这样，不能那样，我才不搭理他。只有他和我的方向一致了，在关键的时刻推我一下，或拉我一把，我没有感觉到被限制，这样的引导才是有效且高效的。

那么，我们应该怎么引导学生进行阅读呢？

一、别出心裁，设计活动

毛姆成名之前，生活非常贫困。虽然写了一部很有价值的书稿，但出版后无人问津。为了引起人们的注意，毛姆用仅剩的钱别出心裁地在各大报刊上登了如下征婚启事："本人喜欢音乐和运动，是个年轻又有教养的百万富翁，希望能和毛姆小说中的女主角完全一样的女性结婚。"几天之后，全伦敦的书店，再也买不到毛姆的书了。

读了这则言简意赅的广告，我在忍俊不禁的同时，自问：为什么不能创设情景把学生引上健康的阅读之路呢？

经过周密思考，班会课上，我把自己近年来订阅的杂志，如《读者》、《格言》、《演讲与口才》等，以及我购得的《新月集》、《飞鸟集》、《希腊神话》、《特别的女生萨哈拉》等几十本书一起拿到了教室，郑重宣布：我们班将举行一系列阅读方面的比赛。主要内容包括：（1）讲故事比赛（分为感恩类、励志类、构思类等）。同学们可以把阅读过的经典故事归类整理，找出印象最深刻的故事参赛。获奖同学可以从我提供的书中任选一本作为奖品。（2）模拟创作比赛。同学们选一篇阅读过的精品，进行模拟创作，优秀作品将放在班级宣传栏中向大家展示。（3）荐书比赛。同学们把你认为最有品位的书籍推荐给大家，获奖者可获得所推荐书籍一本。比赛以宿舍为单位，走读生另成一组，大家可以选出最佳人选代表本组参赛。此宣布一出，同学们个个跃跃欲试。个别同学指出，由于走读生随时都可以到校外买书，所以比赛不公平。针对这样的情况，我明确告诉大家，我愿意为各个宿舍完成购书任务，并为大家保密。

其实面对学生的阅读问题，我们还是可以做很多事情的。举办这样的阅读竞赛，就是很好的引导方式，因为如果你想获奖，就必须阅读老师推荐的书籍。

二、利用早会，师生赛读

这么多年班主任当下来，我深深感受到了学生语言表达能力的重要性。很多学生私下里说话妙趣横生，一旦走上讲台，就面红心跳，张口结舌。究其原因：第一，胆子小，不习惯在公众场合演讲；第二，内涵不够，阅读面太窄，在人前没有什么有价值的言论可以分享。

针对这样的情况，我会在迎接新生的第一天就强调语言表达在就业、创业中的重要性，这一点很容易达成共识。但是，不俗的谈吐并非一蹴而就，需要从现在就开始锻炼。怎么锻炼呢？每天至少有两个同学到讲台上发表演讲，锻炼口才，其他同学为他们指出毛病，做点评……

学生很乐意锻炼，但是，演讲的内容到哪里找？只有大量阅读一些经典书籍。

为了以身作则，也为了引导学生阅读，我每天也会向大家汇报自己读书的进展，存在的困惑等。比如，我有一个时期在读阿德勒的《生命对你意味着什么》，就开始分析学生的早期记忆；有一个时期我读弗洛姆的《爱的艺术》，就开始和学生分享父性之爱、母性之爱；我读《南渡北归》的时候，会讲民国时期一代大师的故事……学生从来没听说过这样的书，但在我分析之后，都忍不住要去阅读了。

三、利用假期，师生共读

学生痴迷的书籍是《阿衰的故事》、《憨豆先生》、《鬼的故事》，更有甚者，还爱看《不关我事，我是出来练贱的》等，里面的内容让人难以接受，比如"问君能有几多愁？恰似一壶二锅头"，或者"问君能有几多愁？恰似一群太监上青楼"，简直让人哭笑不得。

回想起来，我也曾经痴迷过阅读，我是一个金庸迷，金庸的所有小说，我都熟记在心。但是，现在的学生看金庸影视剧的比较多，看小说的比较少。所以，我就在和学生讲课的时候，故意提一下金庸小说里的人物，比如在讲"职业生涯规划"的时候，我会问："张无忌为什么没有当上皇帝？"学生若说没有读过《倚天屠龙记》，我就会非常夸张而遗憾地摇头："你们太可怜了！这么好的书怎么都没有读过？我为了读金庸小说，能通宵不眠呢！"

学生便很尴尬地笑，我继续摇头、叹气，最后说："不行，现在不能让你们看，因为我担心你们现在一看，就会入迷，会影响别的课程的学习，我们寒假一起来看，一起研讨好吗？"

学生哪有不同意的！

在研讨的时候，我们会谈到黄蓉的刁钻可爱，郭靖的忠厚善良，谈到杨过其实是一个问题学生，但他最后为什么能成才呢？令狐冲是一个留守儿童或孤儿，是谁给了他母爱和父爱？品学兼优的学生张翠山为什么会被逼身亡？……

和学生一起看武侠小说，不仅拉近了自己与学生的距离，也增加了与学生之间的交流，特别是在引导学生远离低级趣味书籍上起了很好的作用。

无论是设计活动，还是赛读、共读，其实都体现出"润物无声"的教育，体现了教育中的"尊重"。尊重意味着接纳学生与自己不一样的价值观，然后在适当的时候影响学生，让学生自己做出正确的选择。

在这里，我们必须明白的是：学生在这一时期阅读《读者》、《意林》等快餐文化，扩大视野、放松身心是可以的。但真正能让学生在思想上、学识上得到提高的，还是《希腊神话》、《西游记》等经典书籍，也许学生读来没有那些言情小说轻松，但真正读完，可能对他们的一生都有影响。

干国祥老师曾将阅读分为浪漫、精确、综合三个阶段。一部分阅读能力较差的学生，可以从浪漫阶段开始读起，即随性大量阅读自己喜欢的一切有价值的小说、散文。对于有一定思想的学生，老师不妨有目的地指导他们精读经典，即反复推敲、批注所读的每一句，这种学问式的阅读，可以归属为精确阅读阶段。而且我也相信，孩子们会因为较早地接触这些经典，变得更有鉴赏能力，更加卓越。

　　以上建议，供您参考。

您的朋友　李迪

学生狂热追星，怎么办？

李老师：

　　您好！

　　近来我发现班里出现了越来越多的追星族，同学们见缝插针地收集那些明星们的逸闻趣事，并极力模仿。有的学生甚至为了追星旷课、打架。您的班级里是否出现过类似情况？对此您有何建议呢？

魏老师

魏老师：

　　您好！

　　收到您的来信，我首先思考的是：班里出现了越来越多的追星族，究竟是好事还是坏事？中小学生是否可以追星？

　　我认为，任何事物的出现和存在都有它的理由。班上出现追星族，也许不是坏事。崇拜自己心目中的偶像似乎是我们每个人都有的经历，我们正好可以利用学生的"追星"引导他们学习明星的积极、上进、刻苦、努力，让他们相信所有成功者的背后，都曾付出努力，都有一把辛酸泪。正如周立波所说：我知道世界上没有什么天才。所谓天才，就是背对世界的时候，咬牙切齿地努力；面对世界的时候，风轻云淡地表达……比如，人们都感觉范冰冰光彩照人、成绩斐然，同学们也许羡慕的是她的荣耀，但是，我相信她为了保持好的身材一定是每天都锻炼、节食。学生羡慕范冰冰，何不学习她这份坚强的意志？

　　密宗里有一种个人修炼的方法，叫作"观想本尊"：修炼者选择一尊佛像，想象这尊佛像进入自己的胸膛，越来越大，直到和自己一样大，充满了自己的身体，和自己融为一体。他们相信，这样做可以让自己得到佛的智慧、佛的慈悲，使自己渐渐接近佛。心理学根据这一说法，创立了"观想本尊"法。比如，如果你认为自己不善交际，在交际时也的确表现得不好，你便可以选择一个"本尊"，也就是一个榜样。这个"本尊"应该是一个交际能力很强的人。他可以是一个名人，例如某伟大演说家；也可以是一个你认识的平常人，例如你所佩服的一个亲人或同事。如果是名人，你可以多读一些名人的传记资料，学习他们待人接物的方法；如果是你熟悉的人，就和他多接触，在交际场合学习、揣摩、模仿他的言谈举止。不久你的交际能力便会提高——这也是心理咨询技能中的"模仿法"，和学生追星、热衷模仿明星们的衣着打扮、说话方式、行事习惯何其相似！

因此，"追星"能在佛学、心理学里找到理论依据。学生追星未必是坏事，很多时候，孩子们的生活、学习习惯不好，还真的需要找一个好学上进、举止文明、谈吐优雅的"星"来追一追。

那么，我们怎样引导学生理性追星呢？

一、主题班会话"追星"

2007年，我所带的班级里有一个女孩子追星，追周杰伦。听说周杰伦12月7日要来郑州，课也不上了，"一二·九"合唱比赛也不参加了，站在寒风里等周杰伦出现。岂料，最后周杰伦的面没见着，她的手机丢了，钱包也被人偷走了。她回家往床上一躺，要绝食。当时我就很纳闷：周杰伦知不知道她是谁啊？她就要为偶像绝食。

于是，我们开展了关于"追星"的主题班会，和学生讨论什么样的"追星"才是最专业、最高级的追星。

班会上，主持人首先讲了一个笑话：葛优刚刚大红大紫的时候，去公共卫生间，出来的时候身上湿漉漉的。人问其故，葛优解释道："刚才我正站着方便，和我并排站着的人，突然大喊一声：这不是葛优吗？一边说一边转过身来，然后我身上就湿了。"

学生哄堂大笑。

主持人接着说：还有一个故事发生在陈丹青身上。有一次，陈丹青老师正在上厕所，一个男青年跑到他身后说："陈老师，来，合个影。"等陈丹青一出厕所，年轻人已经准备好了照相机，抓住陈丹青，不由分说就拍照，拍完就走。然后跟人家说："看，这是我和陈老师的合影……"凡此种种，都属于低层次的追星，只是停留在和偶像合影层面。

那么，什么是高层次的追星呢？

班会进入第二个阶段：现身说法话"追星"。

同学们请出了资深追星族——作为班主任的我，来为大家讲讲自己追星的故事。

我说：多数青少年崇拜偶像，追星的过程是狂热的、感性的，但我必须说明，我要追的"星"或者"家"，是经过了理性的思考的。我的偶像首先是资中筠先生。

接下来，我展示资中筠先生的简介：出生于1930年，17岁考入燕京大学，18岁转入清华大学。今年已经80多岁，满头白发，却思维敏捷、风度翩翩。最难得的是，她淡泊名利，又极具社会责任感。

据说，追星的第一步，是买偶像的东西，比如购买偶像的海报、照片等。

学生问：老师，您买了偶像的什么东西？

我说：我购买了资中筠先生的自选集，一字一句认真阅读，越是阅读，越是佩服。我知道自己距离资中筠先生太远太远。我一直拿自己和资中筠先生对照：她出生于民族资本家家庭，属于大家闺秀；而我，出生于太行山区，是地道的山村丫头。她接受的是民国时期中西方文化教育，熟读四书五经，深谙西方文明；我接受的是20世纪80年代的山村教育，除了教科书，很少有课外读物。她在17岁的时候，就举办了个人钢琴演奏会；我18岁之前，连钢琴都没有摸过。她17岁的时候，考入燕京大学——一所教会大学，外文功底极高；我学的却一直是哑巴英语。她是国际政治及美国研究专家、翻译家，中国社会科学院荣誉学部委员、美国研究所退休研究员；我却仅仅是一个普通的一线教师。

这中间的差距何其大！

但是，我就这么决定了，我要追的偶像就是她。虽不能至，心向往之，这个总可以吧！

《孟子》里有一个故事。曹交问道："人人都能成为尧、舜，有这说法吗？"孟子说："有的。"曹交又问："我听说文王身长十尺，汤身长九尺，我曹交有九尺四寸多高，只知道吃饭罢了，怎样才可以（成为尧、舜）呢？"孟子说："（如果）你穿尧所穿的衣服，说尧所说的话，做尧所做的事，这样也就成为尧了。（如果）你穿桀所穿的衣服，说桀所说的话，做桀所做的事，这样就变成桀了。"

我非常喜欢孟子的机智和雄辩。我将用更多的时间去研究资中筠先生，学习她的文章，阅读她曾阅读过的书，做她希望年轻一代做的事——比如启蒙。遇到事情，先想想她会怎么做，怎么说，可否给我的选择做一些借鉴？比如，资中筠先生用笔名翻译了《廊桥遗梦》，一时畅销，读者开始寻找翻译的人。后来媒体找到资中筠先生，想要采访她，这是一个大红大紫的绝好机会，先生却婉言拒绝了。她觉得自己其他的作品更有价值，觉得自己翻译《廊桥遗梦》并没有下太大的功夫，读者要是喜欢，那就喜欢吧！她自己没必要藉此获得什么名利……

这就是我最喜欢的啊！

再如，很多人在介绍资中筠先生的时候，会说：她曾经为毛泽东、周恩来做过翻译。资中筠先生对这样的介绍总觉得不合适，甚至要专门写文章说明：做翻译只是临时安排的任务……

资中筠先生在音乐方面的造诣颇深，她会创造一切条件，在下午的 5 点到 6 点去弹琴。

但是，以上这些，都还不是最让我钦佩的。资先生最让我佩服的，是她"常怀千岁忧"的情怀。我常常惊叹资先生的社会责任感之强，以及视野的开阔、思维的缜密。她是一个很有情调的女人，目光却不仅仅停留在自己的饮食起居、爱好兴趣上，更多关注的是人类的疾苦和世界的和平。

我深深明白自己与资先生之间的距离有多远。但是，她的年龄比我大了一倍多呢！我用剩下的时间去缩短这个距离，将传统文化和西方文明一起补习。我可能永远达不到她的高度，但是，我崇拜偶像不是为了成为偶像，而是为了成为更好的自己。

我必须承认自己说着说着就动情了，泪光闪闪，面颊发热。

学生被我的真诚深深打动，他们终于明白这才是高层次的追星。

接下来，班会进入第三个阶段：让学生理性地思索一下自己的偶像是谁？我们应该怎样向偶像学习？

学生发言积极，却忽然不愿意贸然声称自己追的是谁了，因为他们想理性地思考一下，如何高层次地去追星。

二、综合实践话"追星"

除了开展"追星"的主题班会，我们还可以通过活动让学生明白追星中的是是非非。

我有一个朋友，也是中学的班主任，他曾经搞过一个关于追星的综合实践活动，效果出奇的好。他让各小组内每个同学交流自己所崇拜的明星（影视、歌唱、科学、体育、政治等领域）及原因，选出最佳交流者。"小组最佳"代表小组在班级集中交流。然后，他引导学生提出问题，形成子课题。子课题有：（1）中学生追星情况调查（调查报告）；（2）中学生追星现象利弊的分析研究（采访日记或辩论）；（3）杨丽娟事件给我们的启示（归纳）；（4）明星成功的原因或故事收集（资料及分析）。

接着便是各小组确定子课题及负责人，负责人组织制定子课题活动实施方案（负责人拟定—交流—补充—修订），确定活动方案并做好实施准备。

方案确定后，按责任分工，互助合作，开展实践活动，落实活动方案。引导每个同学思考：经过本次活动后，你认为应怎样对待中学生的追星现象？各组汇报课外深度探究的过程及情况，其他小组对该组补充意见，教师初步评价并进一步对活动成果提出具体要求及拓展：（1）调查问卷保存，形成调查报告；（2）DV作品《中学生追星访谈录》或即时辩论会；（3）播放视频、归纳启示；（4）宣传橱窗展示（或手抄报）。

在此基础上，他又组织了一场主题为"怎样对待中学生追星？"的激情演讲。布置了一份一个月内完成的作业——唤起关注：

（1）形成一份研究性学习报告。（上传到"新思考"综合实践网站上）

（2）写一份面向本校中学生的倡议书。（送交政教处）

（3）申请建立一个专题博客，将本班的活动成果链接上去。（链接到本校网站）（选做）

一个月后，他让学生进行成果汇报与分享。学生在汇报中认识到：从中学生自身而言，应不盲目追星，不疯狂追星，摒弃狭隘心态，善于从自己所崇拜的偶像身上吸取积极的人生经验。就学习来说，该学习时就认真去学，追星那股儿劲应用于对学习的执着，不要随波逐流，顺应大众。就家庭而言，家长应与子女多沟通，根据子女的性格加以正确引导，塑造子女健康的心理。就国家而言，相关部门应对社会上炒作事件的媒体加以约束，禁止不雅娱乐作品流入社会，产生不良影响。

有个学生看了杨丽娟的事件后，还作诗道："追星不是硬道理，偶尔喜欢还可以。深度尺度应当心，方式方法要牢记。切莫要把自我抛弃，精彩生活靠自己！"他受学生感染也即兴作诗一首："球棋歌影诸多星，半晌一时数不清。闪亮之前吃过苦，成名以后未曾停。专心致志倾全力，循序渐进持之恒。心动还须重行动，否则徒有慕星名。"

最后，这个老师引导学生进一步拓展延伸到"感动中国"：将《感动中国》中部分人物的事迹收集起来，办两期手抄报，各复印5份，贴到每个班级教室的展示墙（或宣传橱窗）上。《感动中国》被媒体誉为"中国人的年度精神史诗"，他想通过这项活动，使全校学生从思想上都能得到一个更高层次的认识和飞跃，愿真正的追"星"族越来越多，让追星不再是一种时髦，而是品位的提升与自我的升华，愿同学们都能够把握住手中的阳光，让青春更加轻舞飞扬！

三、因材施教，单独引导

无论是开展主题班会，还是组织实践活动，都属于大面积引导。对于性格各异的孩子的五花八门的"追星"行为，还需要因材施教。

1. 利用追星引导学生发展特长

班里有个孩子叫小洋，个子不高，胖乎乎的，唱歌、跳舞都不出色，成绩平平。她从不发言，作业拖拉，同学们都对她视而不见，老师也经常把她遗忘。她的位置被安排在教室的最后一排，靠近墙角的一个垃圾篓，她每天都独守着那一张小方桌，很是萧索。

一天上午，学生上自习课，我经过她的课桌旁时，发现她神色慌张，我悄悄瞄了一眼，有几张画有小人的纸片夹在美术书中。我拿起来端详，只见纸片上画着一个咧开嘴笑的小姑娘，旁边歪歪斜斜地写着"李宇春"三个字。"画得真好。"我笑着说。她抬起头怔怔地看着我，脸色潮红，不好意思地点了点头。

第二天上课时，我发现我的教科书里不知什么时候夹进了一张图画纸，同样是画的李宇春，不过这次画得更认真了。

以后几天，我陆续收到画有赵薇、范冰冰、林心如等明星的图画，还收到一张纸条："李老师，我很想成为一名歌星，可小时候做过咽喉手术，不能像她们一样唱歌，只能把她们画出来。我还有一个歌词本，里面都是她们的歌词，我一有空就哼哼，什么时候也给您看看。"

我翻看着纸条，陷入了沉思：追星是孩子寄托希望的一种表现方式。她年龄还小，思想正处于迷茫和混沌中，再加上老师和同学们的排斥，她在心理上失去了平衡，思想上失去了认同感和归宿感。画明星肖像，收集歌词，是为了排解她内心的孤独，同时也从明星身上看到了自我实现的希望。我何不以此来进行正面引导呢？我赶紧拿出一张纸条写道："小洋，你是个具有绘画天赋的孩子，加油！美术课是咱的专业课呢，你能否每天都画一张简笔画？"我把纸条夹在了本子中间。

晨会课上，我对同学们说："这段时间，我们教室的卫生做得很好，得到了学校的表扬。我要特别感谢小洋同学，她主动帮助同学扫地，还按时倒掉教室的垃圾。我要奖励她一本作业本。"同学们都挺纳闷："倒垃圾值得这么表扬？"但在我的提议下还是为她鼓了掌。

我们的秘密一直这样保守着，美术老师发现了她的突飞猛进，也不断表扬她。她渐渐变得活泼起来，主动承担起了班级黑板报的美编工作。后来，同学们乐于和她交往了，老师们也都惊讶于她的巨大变化。

几年后，她如愿考上了一所高职学院，学的是美术专业。

2. 和学生一起"追星"，加深师生感情

我曾听一个朋友讲过他和学生一起追星的故事。他说，班里有个孩子是迈克尔·杰克逊的"铁杆"粉丝。言必称迈克尔·杰克逊，MP3里全是迈克尔·杰克逊的歌，身上穿的衣服几乎都有他的标志（据说都是从网上买的，而且价格不菲）。还有同学反映，自习课的时候，他常常把领子竖起来，偷偷听迈克尔·杰克逊的歌……看样子追星的历史不短了，怎么办？

此后几天，朋友专门花了点儿时间，查阅迈克尔·杰克逊的资料，学了几首他的歌曲。

大扫除的时候，朋友特意播放了迈克尔·杰克逊的几首歌，然后安排这个孩子和几个学生来打扫办公室。朋友注意到，听到这些歌，这个孩子似乎很惊讶。

过了一会儿，他终于忍不住问："老师，你也喜欢迈克尔·杰克逊的歌？"

"当然，流行音乐之王嘛！"朋友看了他一眼，明知故问，"你也喜欢？"

他点点头。

"有个问题我请教一下。"我这位朋友拉开抽屉，拿出早已准备好的歌词，"我最喜欢他这首 *They Don't Care About Us*。不过，开头的两句歌词 skin head，dead head，我一直不懂是什么意思。"

"有人译成'人面兽心'、'行尸走肉'，我觉得译成'光头党'、'黑手党'更好，更符合这首歌反对种族主义的创作背景……"面对擅长的话题，他滔滔不绝。

"没想到你还真有研究，以后我有不懂的问题就来找你！"

"没问题！"他自豪地说。

就这样，师生的交流越来越深入，谈论的话题也越来越广泛。他也慢慢接受了老师的一些观点：生活中不仅有迈克尔·杰克逊，还有爱因斯坦、袁隆平；他们不仅有出色的专业成就，更有勇于担当的社会责任感；他们的成功不仅靠过人的天赋，也离不开深厚的知识积淀；他们有无限风光的现在，更有艰辛付出的过往……

老师又鼓动他参加学校英语晚会，一曲 *Heal The World*，引起了不小的轰动。老师借机在班会上点名表扬了他，同时也提出了期望："这么难的歌曲你都能唱好，只要努力，学习绝对没有问题！"

成长需要榜样。面对追星一族，我们要做的不是压制而是引导。青春期的孩子不好惹，他们渴望独立而又叛逆，需要我们多一点尊重，多一分耐心，"尊其是，投其好，近其心，导其行"，也许今天的追星族，就是未来的明星！

3. 让学生成为我们的"粉丝"

"快来看，快来看，李老师的文章又发表了。"小韩手中高扬着一本《班主任之友》杂志，正在朝同学们喊着。

"还有张老师给我们上的数学课，还荣获市一等奖呢！"小凯俨然是哥白尼发现了新大陆，惊喜地喊叫着。

"徐老师真厉害，还参加了英语口语大赛呢！看，这是证书，荣获了市二等奖呢！"一大群孩子聚在一起，唧唧喳喳地谈论着。

路过学校宣传栏的我，"狡猾"地一笑。那是学校昨天刚刚做成的宣传栏，里面展示了各科老师在竞赛中获得的证书和荣誉。在我们学校的展厅里，还有一个专门的台子，上面放着我的九本专著和几十本刊登有老师们文章的杂志。出版专著或发表文章对于老师来说实在微不足道，可在那群孩子眼里，我们俨然成了他们眼中的"大作家"。

他们在课外活动时间，总是最先来到展厅，有的翻阅图书，有的查看我的专著，还有的欣赏着宣传栏里学校科任教师的事迹。于是他们谈论的话题变了，不再是某某明星在哪儿又要开演唱会，某某明星又出了一张新的唱片，而是某某老师真厉害，谁谁又获奖了，什么文章又发表了，我也要向老师学习。呵！这招果然灵验。

在我的学生时代，我就听说，榜样的力量巨大，我们以什么样的人为榜样，就可能成为什么样的人。其实，这种说法有着深厚的理论依据——模仿。

"模仿法"是建立在班杜拉社会学习理论之上的一种咨询治疗方法，一般适用于年轻人。影响模仿能力的一个重要因素是年龄，通常认为学龄期是模仿能力最强的年龄段。因此，从这一层面上讲，学生"追星"是有其生物性原因的，也是完全可以理解的。关键是我们首先要告诉学生：如果你想成为最优秀的企业家，就必须把企业界的成功人士当成榜样，了解他们百折不挠、永不言弃的故事；如果想做科学家，就应该把古今中外的科学家当成偶像，研究他们孜孜不倦、废寝忘食的学习精神；如果想成为周杰伦、赵薇那样的歌星、影星，就必须从小练琴、跳舞，甚至以失去童年的快乐为代价。其次，我们要帮助学生分析榜样、明星身上有什么是他（她）不具备的特点。跟榜样相比，自己有什么弱势、优势，拥有怎样的机会，又面临怎样的挑战等等。当学生做过如此分析后，"追星"就不会流于形式、过于盲目，不会仅仅停留在明星们光环笼罩的表面，而会一边欣赏他（她）们美好的歌曲、舞姿、演技等，一边理智地寻找自己真正的榜样、本尊。

您的朋友 李迪

学生言而无信，怎么办？

李老师：

您好！作为班主任，我也曾无数次跟某些违反纪律的同学促膝谈心。当时感觉沟通效果蛮好，学生真心认错，并发誓要改正，但一转脸却依然如故。我不免感叹：学生怎么能如此言而无信呢？您的班级里是否出现过类似情况？对此您有什么好办法吗？

焦老师

焦老师：

您好！

我一直认为分类是进行教育科学研究的开始。班主任面对的很多棘手事情，只要一分类就可以有新的思路。

学生之所以言而无信，可能有以下几种原因：

首先，是思想认识问题，即认识不到自己对某些事情的处理有什么错误。

比如，孩子认为自己不写作业没什么，但是，如今因为不写作业受到了老师的批评，那就先在老师面前表个态吧！事后依然我行我素！所以，万万不可小看孩子的言行，很多时候，真的不知道是他们在陪老师玩儿，还是老师在教育他们。

其实这样言而无信的例子在成年人中也非常多。比如，有的男人结婚后，妻子不让他喝酒，但是他总忍不住想喝酒。于是，在一次酩酊大醉后，他回到家里，妻子却不让他进门。这时，他会在门外苦苦哀求、反复保证："以后坚决不再喝酒了。"妻子相信了。但是，他真的就戒酒了吗？我看未必。因为他在哀求保证时，想的根本就不是戒酒，而是让妻子赶快开门。

同理，孩子不写作业被老师批评，便反复保证：以后一定会写作业。但是，他真的会说到做到吗？不，和爱喝酒的那个丈夫一样，他所做的保证，只是为了让老师赶快闭嘴。作为老师的我们经常会习惯性地用语言来处理和解决问题，不厌其烦地指出孩子的错误并反复进行批评教育；而作为学生的孩子们也适应了这种模式，尤其是那些所谓的调皮生，更是对老师的这种苦口婆心习以为常，日子久了，老师要说些什么，这些孩子都能倒背如流了。渐渐地，老师的语言已不能吸引孩子们的注意力，也引不起他们足够的重视了。

所以，让学生言而有信，仅仅依靠说，效果是有限的，要让他们认识到写作业能给自己带来优异的成绩、满意的工作、成长的快乐是最主要的。

再如，有的学生一而再再而三地打架，老师批评多次无效，那可能是因为孩子在打架中尝到了拳头给自己带来的好处，老师越是批评，他们越是不听，他们不认为自己是"言而无信"，反而认为老师"口是心非"。老师若能让他们体会到和平和宽宏大量为自己带来的好处，他们自然就会与暴力说再见。

其次，是行为习惯问题。也就是说，学生在思想上是认可老师的说法的，做保证的时候很有诚心，却总是落实不到行动上。

比如我所带的班级，有的学生爱旷课，曾被我多次批评，他们也曾信誓旦旦地向我保证要遵守课堂纪律，但一转脸所有保证都化为烟云。令我惊奇的是，这些学生中的一部分人到富士康实习，却能遵守工厂严格的规定，成长为合格甚至优秀的员工。究其原因，我个人认为，他们也许对工作不感兴趣，但对工资感兴趣，怕扣钱，如此间接地愿意卖力工作。其实，他们先是在学校懂得了道理，然后为了不扣工资而努力工作，付诸行动；有了成绩后获得领导认可，有了成就感，可能进一步对工作产生了兴趣，最后坚持下来内化为良好的意志品质。这不是知—情—意—行，而是知—行—情—意。

所以，面对学生的"言而无信"，班主任不必气馁，我们应该思考的是，如何让学生在有了良好行为以后，及时感受到良好行为为自己带来的愉悦感，这便是心理学中所说的"阳性强化法"，即积极关注学生的积极面，尽量漠视他们不积极的一面。再说，教育是慢的艺术，教育就是在学生心田播种真善美的种子。我们埋在学生心中的种子，有的春天就开始发芽了，有的却要等到深秋甚至来年才会发芽。请相信，只要种子是饱满的、健康的，一旦有合适的土壤，就会生根、发芽、开花、结果。

再次，成人曾经言而无信，说话不算数。因此，就算是学生在思想上知道自己应该言而有信，也偏偏要做出违纪行为，以此表示自己对成人言而无信的不满。

这是一节校内公开课——"分数的初步认识"。上课伊始，所有同学的目光都聚焦在讲桌上那个蒙着布的大盒子上，老师慢慢撤去了盒子上的布。"生日蛋糕！"有的同学禁不住喊了起来。"这是老师为大家定做的蛋糕，待会儿老师分给大家吃。"老师的语调不紧不慢，同学们内心却激动不已，有的还忍不住舔了舔自己的嘴唇。老师把蛋糕从中间分成了两半，问道："同学们，老师是怎么分的？一半可以用整数来表示吗？你们能不能创造一个表示半个的符号？"

同学们的想象力确实丰富，各种表示方法异彩纷呈。在同学们充分体验的基础上，老师适时引入了"1/2"这个分数。而后，老师通过把蛋糕平均分成4份、8份、16份，引导学生认识了1/4、1/8、1/16等分数。同学们学得饶有趣味，意犹未尽。下课的铃声响了，老师却把切开的蛋糕重新装进了蛋糕盒，然后端着它走出了教室。

之后，当老师还在为公开课自我感觉良好而沾沾自喜的时候，"麻烦"就开始出现了。当天的作业就有几个学生没有交，问学习委员，他气鼓鼓地回答："他们说老师不讲信用，骗他们。"再之后，因为"说话不算数"，学生与这位老师渐渐疏远，好几个学生也开始言行不一致起来。

上面的案例中，学生没有得到应有的尊重，教师也丧失了应有的诚实与信用。类似的现象在当今的学校并不鲜见，比如学校在各种检查中弄虚作假、欺上瞒下，各种公开课上要求学生配合作假等。教师的失信失去的不仅是自己的威信，更重要的是学生对诚信的信仰。可以这样说，学生之所以言而无信，与教师的引导、学校的"熏陶"不无关系。

我们知道，一种品德绝不是靠口头的说教就可以形成的，它需要学生自身的认同，不断地实践，从而内化为自觉的行动。学校是学生成长的摇篮，教师是学生亲密的伙伴，学校的所作所为、教师的一举一动都传递着一种价值观念，也悄悄地影响着学生的人生观和价值观，并对学生的行为产生重要影响。常言道"言传身教"，作为教师更应该一诺千金，做不到可以不说，既然说了就要努力做到。

但还有这样的情况：学生正处在青春叛逆期，他们只看到了一些事情的表面现象，像盲人摸象一样，不明白很多事情都应该一分为二地看待。遇到这种情况，老师、家长只能以平等的身份引导孩子学会多方位思考。孩子也正是在这样的氛围中，才能逐步成长为独立的个体。

最后，家长的批评充满褒义色彩，使学生有了言而无信的习惯。

每周日的晚自习，小华都会迟到。我找他谈心，他总是信誓旦旦地说："老师，您什么都不用说了，我下周一定不会迟到，我知道您都是为我好。"可到下周依然迟到。一段时间过后，我再也不相信他的"誓言"，打算严厉地批评他一顿，给他点颜色看看。可我一开口，他就又一副充满歉意的样子，一个劲地说认错的话，郑重地表示一定努力，弄得我怒火也发不出来。

一天，小华的家长来学校了，他们都是朴实的农民。听我说到小华的言而无信时，爸爸笑着说："这孩子就是嘴好，行动总也跟不上嘴巴。"他妈妈好似无奈地说："这孩子将来当外交官可行，生气的都能让他给说高兴了。"说着，便向我讲起小华能说会道的种种事例，这些事例大多是在言而无信基础上的能说会道。坐在一旁的小华笑嘻嘻的，似乎在聆听表扬一样高兴。我疑惑起来，家长说这些事到底是在表扬孩子还是在批评孩子？他们所讲的事例都在证明小华能说会道，会讨人开心，似乎并没有关注孩子言而无信的问题。

我终于明白：小华之所以言而无信，与他爸妈这种无意识的表扬有着密不可分的关系，他们一个劲地宣扬能说会道的优势，却没有讲清言而无信的危害，怎能不给孩子一种思想上的误导呢？

想到此，我拉过小华，真诚地对他的爸妈说："能说会道固然好，可是言而无信会把能说会道变得没有价值，一个言而无信的人，说得再好听，谁会喜欢听呢？"说完，我用期待的目光看着小华，他似信非信地看了看他的爸妈。他妈妈似乎明白了我的意思，说："可不是嘛，说话总不算数，不成油嘴滑舌了吗，那样的人可不讨人喜欢！"他爸爸补充道："儿子，你要是那样，你的嘴巴就把你给毁了。"小华红着脸低下了头，没有了那种能说会道的自豪感。我拍拍小华的肩膀说："孩子，能说会道是一种资本，言而有信才能让这种资本升值。我和你的父母都希望你做个言而有信的能说会道之人。我们相信你能做到，你不会让我们失望吧？"他使劲地点点头。

每个家长都会无意识地宣扬自己孩子的优势，作为班主任，我们要对家长进行一种教育引领，使他们认识到：如果一面批评孩子，一面又宣扬孩子犯错过程中所表现出来的优势，就会对孩子产生一种误导，促使孩子为了展示自己的优势而更频繁地犯类似的错误。教育要把挖掘孩子的优势与正面例子紧密结合，千万别让批评充满褒义色彩。

焦老师，您遇到的学生言而无信的原因，属于哪一种呢？以上建议，供您参考。希望以后多交流。

您的朋友　李迪

学生不爱学习，怎么办？

李老师：

您好！

有人说，这世界上没有不爱学习的孩子，然而，现实并不那么令人乐观。在我的班级中，真正爱学习的孩子寥寥无几，绝大多数孩子都把学习当作一种迫不得已必须完成的任务或者负担，不少学生日渐对学习失去兴趣，甚至将之视为畏途，在内心深处生发出一种厌烦与抵触的情绪。他们每天来到教室，不是睡觉就是玩手机，或者发呆，要么故意和老师唱反调。针对这种情况，您有什么好的建议？

齐老师

齐老师：

您好！

收到您的来信，看到您的提问，我真的感觉这是一个好大的课题，只怕三言两语难以说明白。对此，我们一向在纠结"怎么办"，其实，我倒认为首先要考虑的是"为什么"。

说起来，每一个学生不爱学习的背后，可能都有一个情节曲折、内容丰富的类似于长篇小说的故事，倘若我们不深入了解，是不可能做到对症下药的。中小学生不爱学习，原因可能是多样的，至少有生理原因、心理原因、外部环境原因等。

我们今天来一一分析。

一、生理原因

我曾见过一个男孩子，被老师认为有多动症。老师建议父母带孩子去做心理咨询，咨询师探究下去，了解到孩子性格开朗，家庭收入较高，父母均受过高等教育。据说孩子每天上午的前两节课表现还挺认真（单凭这一点就不能断定孩子有多动症。教师建议家长带孩子做心理咨询是可取的，但不能贸然下结论说孩子有多动症），越临近中午越坐不住。再探究下来，得知家长每天早上给孩子吃的早餐是三个鸡蛋和一大盒牛奶，没有一点谷类食品。如此一来，孩子营养不均衡，越接近中午越难受，自然无心听课（我也是第一次知道，早饭不吃谷类食物，竟可能导致上课注意力不集中）。如果我们不深入了解情况，只是进行简单的道德归因、是非判断，只是对学生摆事实讲道理，说教、批评，做不到对症下药，怎么可能有好的结果？当家长帮学生把早餐营养搭配好，孩子的学习效率自然就提高了。

这就是由生理原因导致的不好好学习。

现在我们回想一下，学生上课不认真听讲，是否也有生理原因的存在？比如，冬天的早上，他们不愿意早起，常常不吃早餐，到十点多的时候，肚子就饿得咕咕叫，怎么还有心思认真听课？有孩子利用课间去学校小卖部买辣条、锅巴等垃圾食品，搞得自己身上或教室里都是零食的味道，在这样的环境里学习，学生最容易分心。

所以，针对生理性原因导致的不能好好学习，教师就应该强调吃早餐的重要性，同时禁止学生将零食带到教室里。

二、心理原因

因心理原因造成的不爱学习，一般很难发现病因。

我曾教过一个女生，分明有文静好学的素质，上进心极强，却常常在课堂上打瞌睡，有时候叫都叫不醒。询问下来，原来孩子常常在夜里梦见无数条蛇，床头、地板、胳膊上都是蛇，经常在夜里被吓醒，然后再也不敢入睡，白天精神自然就差。再认真探究下来，我得知孩子小时候曾发现一个蛇窝，后来家里大人把蛇窝里的48条蛇都烧死了。从那时起，她就常常在睡梦中被蛇吓醒，并且认为这是蛇在报复她。这便是由心理原因导致的夜晚难以入睡，白天不能好好学习。我当时主要是从改变她不正确的认知做起（消除她关于"蛇在报复她"的念头），同时给她充分的理解、支持，增强她的安全感。必要的时候，也建议她向咨询师求助。

三、外界环境原因

学生不爱学习，更多时候是外部环境原因导致。比如班风和校风不好、学生人际关系紧张、教师授课艺术欠缺等等，让我们一个个分析。

1. 因不喜欢老师而排斥学习

我曾听朋友李巧枝老师讲过一个真实的故事。

李老师是一个小学教师，有一次她班转来了个学生——小豆豆。小豆豆原本还不到上学的年龄，经常要妈妈教她识字、给她读书，吵着要上学，家长托关系让孩子进了一所名校。上了学的小豆豆，每天都会很高兴地向家长讲述一些发生在学校的事。看得出，她是那样喜欢学校、喜欢上学。

但是，随着时间的推移，孩子渐渐变得不爱讲学校发生的事了，偶尔家长问起，她说语文老师特别厉害，经常批评她，罚她站在讲台上写作业，她不喜欢上语文课。她说数学老师讲课很幽默、很风趣，特别喜欢学数学。家长告诉孩子，语文老师是省级优秀教师，严格要求是为她好，可是，孩子却不买账，依然不喜欢上语文课，不喜欢做语文作业。

一天，已经是三年级学生的小豆豆说不上学该多好呀！家长着急了，问其原因，小豆豆说有一次她的数学作业忘写了，本打算赶紧补上，数学老师却当着全班同学的面说："小豆豆行啊！她是我们班唯一不写作业的学生，物以稀为贵，她是我们班的光荣啊！大家愿意向她学习吗？"全班齐呼："不愿意！"从此，偏爱数学的小豆豆，再也提不起对数学的兴趣了。小豆豆还经常跟家长说，自己很笨，是"差生"，不想上学。看到孩子如此得不自信，家长真的很痛心，终于决定把孩子从那所名校转到李巧枝老师所在的这所较偏远的学校。

第一次见小豆豆，她一直躲在妈妈的身后，巧枝老师想拉住她的手，她却怕见老师似的，一直绕着妈妈藏。巧枝老师就和她玩起了捉迷藏，很快就捉住了她，笑着说："逮着了！"小豆豆也笑了，是孩子特有的、天真的、爽朗的笑。然后巧枝老师故作神秘地俯在她耳边说："以后你得帮老师的忙，做老师的小助手，帮老师收发作业，有时老师忙不过来时，还要帮我批改作业，可以吗？"她怀疑地问："批改作业？我可以吗？我学习不好！"老师说："我看你行，你一定行！关键看你愿不愿意。"小豆豆不太自信地说："我愿意！""一言为定！"老师与她击掌达成协议。

第一节数学课后，小豆豆告诉妈妈："今天作业做得有点慢，还错了一道题，没能帮老师批改作业，明天我一定得做快点，不出错，我就能当老师的小助手，帮老师批改作业了。"第二节数学课，她是第三个做完作业的，虽然错了一题，但经老师的点拨，很快就改正了。李老师让她负责批改 3 个学生的作业，老师验收把关时，发现她批改得非常认真，没有一处改错的，当众表扬了她。放学后，她兴奋地将此事告诉妈妈，还说："老师没有布置家庭作业，妈妈能不能帮我找些数学题？"

小豆豆在不断地变化着，尽管课堂上她仍会做小动作，有时会不专心，但巧枝老师说因为前车之鉴，时刻提醒她注意自己的言行，小心地呵护着那颗曾经遭受创伤的心，及时地表扬、鼓励，激励她不断进步。事实又一次印证了"亲其师，信其道"这一教育箴言的深刻内涵。

听了李巧枝老师所说的故事，我真为小豆豆高兴。倘若小豆豆没有遇到巧枝老师，她会不会从小学开始就厌恶学习呢？她会不会成绩一落千丈呢？

现在，我每次迎接新生，都会想办法让他们第一次见面就喜欢上我。我会小心调整自己的每一句话、每一个动作，让自己的一颦一笑都告诉学生：老师相信你们一定能学好。

2. 因"习得性无助"而排斥学习

"习得性无助"是美国心理学家塞利格曼 1967 年在研究动物时提出的。他用狗做了一项经典实验，起初把狗关在笼子里，只要蜂音器一响，就给予狗难受的电击，狗关在笼子里，无论如何都逃避不了电击。多次实验后，蜂音器一响，狗就开始呻吟和颤抖。哪怕电击前，先把笼门打开，狗不但不逃，反而是不等电击出现就先倒地开始呻吟和颤抖，本来可以主动地逃避却绝望地等待痛苦的来临，这就是习得性无助。

习得性无助，其实是很多学生不爱学习的原因之一。因为同学们从小接受的是应试教育，为了升学率，为了拿高分，老师对学生要求过高，而每个学生的智力是不一样的。在一次次努力，又一次次失败之后，学生认可了自己"不是学习那块料"，干脆破罐子破摔，上课不再听讲，下课不再写作业。

这真的是一件很悲哀的事。我们应该怎样避免孩子产生"习得性无助"呢？

我想起自己的孩子在上小学三年级的时候，书写能力不太好，每次写作业不仅慢得出奇，还总是写错字。而老师要求同学们作业必须很干净，哪怕写错一个字，都要撕掉重新写。孩子在撕掉三张纸后，已经很焦虑了。我便说，再写错字，就不要撕了，妈妈帮你想办法。我帮他想的办法是小心翼翼用小刀把错了的字给刮掉。一开始孩子非常崇拜我，写作业的时候放松了很多。孩子忽然有一天回家告诉我："妈妈，检查作业的小组长发现了错字可以用小刀刮掉这个绝招，严禁我们刮字，要求我们写错必须撕掉重写。"

这样过了两天，孩子每次还没开始写作业，就要生气、恼怒、哀叹，我在旁边干着急没办法。忽然有一天，孩子写着作业对我说："妈妈，这次我要是再写错字，你就帮我把手砍掉。"我问："为什么？"孩子说："因为这只手总是写错字，我们小组长总是不让我的作业过关。"

我当时难受得要流泪了，抱着孩子说："你尽管大胆写，妈妈明天就去找老师说情。"

第二天，我找到孩子的班主任兼语文老师，把孩子关于要把自己的手砍掉的话，原封不动地叙述下来，并说："我知道孩子的字写得不好，但我觉得孩子真的是尽力了，您看能不能对他的要求稍微松一点？"

语文老师听了大吃一惊："我真没想到，这样严格要求孩子，会给孩子带来如此大的压力，差点儿让孩子厌学啊！我这就跟小组长说，让她不要太认真了。"

我的孩子在上小学的时候，成绩一直是班里中等偏下，但是到了初中二年级，就开始突飞猛进，直至班级第一名，年级第一名。在中招考试中，他很顺利地考进了我们当地最好的高中。倘若当时我和他的小学班主任都无视孩子的努力，去过分要求他，现在会出现什么情况呢？我真的不敢想。

我们很多学生，就是因为家长和老师的要求太高，产生了习得性无助，过早给自己定了性：反正我怎么努力学习都不行，干脆就不要努力了。

要想改变孩子的念头，只有想办法让他们尝到学习的甜头，将课程难度降低一些。比如，对于学前教育的女孩子来说，数学实在听不懂，我个人认为，就不要再学统一的数学教材了，学一些趣味的幼儿数学，如如何让6岁前的小朋友掌握三个苹果加两个苹果等于五个苹果，就行了。否则，她们天天听天书，是不会有任何收获的。或者学生的英语实在不行，入校时连26个英文字母都写不下来，如果能在一个月内学会26个英文字母，也算收获；或者文化课基础实在太差，那就多练习舞蹈、钢琴、绘画、手工、讲故事……总之，只要每天能进步，他们就能获得学习的乐趣，学校对这些孩子就是有吸引力的。

3. 知识与生活脱节，学生对学科学习缺乏兴趣

很多孩子对学习没有兴趣，一听课就瞌睡，一下课就来劲。但是他们能整夜不睡玩游戏也不觉得累。其中原因很简单，就是有兴趣没兴趣的问题。所以，我们可以想办法让学生对自己所教的学科感兴趣。

有一个化学老师在晚会上表演"水中生火"、"火龙写字"、"烧不坏的手帕"三个魔术（其实就是趣味化学实验），这些魔术总能吸引那些调皮学生

的眼球，博得了同学们的阵阵喝彩。

下课后，班里捣乱大王王勇找到化学老师，要求学习"火龙写字"，因为他的妈妈马上要过生日了，他想表演给妈妈看。化学老师想到这个实验没有什么危险性，便满足了他的要求，详细给他讲解了实验所需要的每一种药品、试剂的用法、用量、添加顺序和注意事项，手把手地交给他实验过程中的每一个步骤。在整个讲解过程中，王勇一改平时学习时嘻嘻哈哈、满不在乎的态度，学得格外认真，神情也格外专注。其实，这些趣味小实验都挺简单的，很快，王勇就掌握了窍门。在接连两次取得成功后，他的眼中放出了异常的光彩："老师，我学会了！原来这么简单！"然后，老师帮他把实验用到的药品和试剂包装好放到一个塑料盒里，让他回家时带上，并嘱咐他用剩的药品一定要归还。

星期日的下午，平时返校总是较晚的王勇早早地返校了，找到老师归还药品。当老师问及魔术的效果时，他更是激动万分："效果太好了！妈妈看到我用'火龙'写出的'妈妈，祝您生日快乐'时，高兴得眼泪都流出来了，直夸我孝顺！还说这是她一年中收到的最特别的礼物！老师，谢谢您！"

"王勇，你知道吗，老师表演的魔术都是些简单的化学实验啊！只要你化学学好了，就能和老师一样表演更多的魔术了！你想学吗？"

"真的？我一定好好学化学！"

接下来，王勇真的在化学上下起了功夫，听课专心得连眼都不眨一下，作业也完成得很认真，不懂的地方就会积极询问。为了能及时鼓励他，老师让他做起了"实验助手"，每次做演示实验，都让他在一旁帮忙。在以后的实验中，他们一起为大家揭开了"水中生火"的秘密，找到了"火龙写字"的答案，和大家一起见证了"红色喷泉"的形成……由于每次实验都是由老师和他共同完成的，在实验成功的同时，他收获了巨大的喜悦和幸福。从他骄傲的眼神和自豪的表情中，可以看到他因劳动而幸福，因能掌握化学实验、化学知识而骄傲。慢慢地，他的化学成绩赶了上来。

所以，怎么才能真正爱上学习？只有真正享受到学习乐趣的人才知道。可惜的是，我们的很多学科学习，和现实生活是脱节的。倘若能让所有知识都化为活生生的生活技能，学生一定会非常喜欢。

4. 担心努力后成绩不佳更没面子，干脆不再努力

这是一种逃避行为——担心努力后成绩不佳没面子。这也是家长和成年人对孩子评价不当造成的后果。我们在现实中，常常听到一些家长评价孩子说："我儿子其实挺聪明，就是不好好努力。"有的老师也会对家长说："你女儿要是能加把劲儿，成绩肯定会突飞猛进。"

很多时候，我们以为这是鼓励孩子，肯定孩子，甚至认为这是赏识教育。事实上，这样的言辞可能会让孩子这样想：我现在不努力，大人们好歹还认为我比较聪明。倘若努力后，我的成绩依然不佳，那大家岂不是要说我是笨蛋？我为什么要辛辛勤勤通过努力，来证明自己是个笨蛋呢！

于是，孩子的学习兴趣就这样在老师、家长的不当评价中消失了。

所以，懂教育的人都知道，我们肯定一个学生的时候，尽量不要肯定他的智商、容貌，而是要肯定他的努力。因为智商和容貌是父母给的，不是孩子通过努力得到的。

我所教的学前教育专业的孩子，多数来自农村，他们在入学前基本没有上过音乐课，身体协调能力也不太好。短短两年的时间，需要他们掌握唱歌、弹琴、绘画、舞蹈等技能，学习压力其实很大。2009 年冬，学校要办晚会，这是学生最好的锻炼机会，我们班想自己排练一个健美操。舞蹈科代表和协调能力与基本功都不错的同学，表示愿意利用课余时间教大家。但是那些出身农村的女孩子在做了几个动作后，感觉实在僵硬，练习的时候便推三阻四。

我问："为什么不好好练？"

学生回答："跳的不好看，尽丢人。"

我说："跳得不好看，更要好好练。因为你现在不好好练，以后找工作更丢人。从明天开始，我跟你们一起练。"

其实，我根本就不喜欢体育运动，跳起来也好不到哪里去。我的意思很明显：老师这么大了，都不嫌跳操难看，你们又怕什么？

就是在我这样以身作则的带领下，孩子们不好意思退缩，努力锻炼身体的协调能力，丰富了舞台经验。当她们的舞蹈成绩越来越优秀后，对练功便产生了浓厚的兴趣。

5. 周围消极氛围浓厚，影响学生的学习劲头

很多人认为调皮捣蛋的学生来学校就是混日子，甚至有一部分家长直言不讳："只要你看着这些孩子不去闯祸就行，能不能学到东西，我们也就不要求了。"这样的言论对学生危害极重，会让学生养成得过且过的习惯，进而排斥学习。

具体的应对方法是"四方给力"，让学生爱上学习。

班级语录给力。班级是学生学习的主要场所，班级里营造一种浓厚的学习氛围，可以让学生静下心来专心学习。所以分班之初，作为班主任，我们可以精心挑选班级语录，让班里毛笔字写得漂亮的学生书写，然后贴在教室的四面墙上。前黑板上方，学生抬头即可看见"静、净、精、劲、尽、境"这几个字，目的是时刻提醒学生静下心来，心无杂念、集中精力、鼓足干劲、尽心尽力，进入学习的境界；教室左右两侧分别是"腹有诗书气自华"、"我参与、我快乐、我自信、我成功"，提醒学生时刻认识到学习有苦有乐，积极参与、树立信心，才能成功；教室后面的墙上贴着"成功源于良好的习惯，习惯来自行为养成"，让学生养成良好的学习生活习惯。通过营造这样的学习氛围，让学生认识到学习的重要性及如何学习，从而为学生爱上学习"给力"。

教师表扬给力。"一支竹篙，难渡汪洋海；众人划桨，开动大帆船！"让学生爱上学习，仅仅靠班主任一人"给力"是远远不够的，还需要科任教师齐心"给力"。而作为教师，都知道对于学生的教育，鼓励的效果远比批评的效果要好得多。为此，组班之初，我就和"搭班儿"教师提出一个口

号："让鼓励的话成为我们班级课堂教学的口头禅！"对于在课堂回答问题比较好的学生、作业完成的好的学生，甚至是字写得漂亮的学生，我们多用一些激励的语言："非常好！"让学生更有信心，"信心比黄金更宝贵"，让学生学习更带劲，从而为学生爱上学习"给力"。

父母寄语给力。好的教育效果的取得需要家庭、社会和学校齐心协力，尤其是教师和父母要完美配合，学生学习不仅需要教师的谆谆教导，更需要父母做坚强后盾。父母对孩子的美好寄语也会督促学生的学习，所以每隔一段时间，我就会联系学生的父母，让他们通过手机短信的方式由我转达一些给自己孩子的寄语。比如，"儿子，你是最棒的！"、"爸爸、妈妈永远支持你！"、"孩子加油！"等，这无形之中增加了学生学习的动力，为学生爱上学习"给力"。

同学鼓励给力。学生之间的交流往往比师生之间的交流带来的效果更直接，所以学生开学的第一天，我就精心准备了一个漂亮的班级"鼓励本"，学生可以自己鼓励自己，也可以相互鼓励。"鼓励本"每次在考试后都会猛翻几页，里面的话不外乎："同桌，加油！"、"××，继续努力！"、"××，你真棒！向你看齐！"这既在班里形成一种"比、学、赶、帮"的学习氛围，更养成了学生团结的意识，是学生爱上学习最"给力"的方式。当学生回答问题正确后，我更是会带领全班同学一起鼓掌。

"四方给力"，让不爱学习的学生爱上学习，让爱学习的学生更爱学习！

6. 教师授课水平欠缺，课堂难以吸引学生

因为教师授课质量问题，而导致学生排斥学习的例子很多。因为现在的孩子接受知识的渠道太多（不信我们到网上看一看，知识就像超市里的物品一样琳琅满目，学生想要什么随便挑选）。如果我们的知识给得没有艺术、不够新鲜，学生绝对不买账。这时候，我们不但要做到闻过则喜，还要多读书，多思索，扩大视野。

但有时候由社会原因导致的学生不好好学习，教师的改进作用是非常有

限的。比如父母离异、留守儿童等，这时候，我们怨天尤人没有用，只能接受现实，尽可能给孩子以理解和温暖。

总之，医生看病要诊断病因，教师面对不爱学习的孩子，也要认真思索一下，他们表现出的行为虽然都是不爱学习，原因却多种多样。不进行具体分析就盲目指导，必将事倍功半。

以上建议，供您参考！

您的朋友　李迪

遇到死活不值日的学生，怎么办？

李老师：

您好！

小义是我班上比较特殊的一个学生，特殊在他从不值日，任你拖拉拽请哄，各种方法都用尽，均不见效。

那天我找他谈话，他表面答应得很好，但下午放学，又和往常一样趴在桌子上，纹丝不动。

于是，我等。谁知这一等就等了两个多小时。最开始，他试图从前门冲出去，我索性将前门插上；接着，他趁着我去教室外活动，急速地想从第一排向后门跑去，我恰巧进来，和他说话，他只是将头埋进胳膊里；我约他一起离开，他不理，但我前脚刚走出后门，他飞奔似的从另外一个楼梯下去了；我试图在校园里拦住他，但他见此便推着车子绕了回去，我不走，他就一圈一圈地徘徊在校园里。

结局已在我意料之中，这一回合始终是我一个人在唱独角戏，我也不打算将这场闹剧继续下去。我告诉他，他这样做是对我的极不尊重。

但是，我不甘心，我开始打"外围战"。小义在班上的朋友较少，我和副班长小蕊谋划好了一次行动计划，我希望这个善意的"阴谋"能够拉近他与同学之间的关系，让小义将自己看成是一个"正常人"。

先是乐乐去放小义的自行车气，谁知刚好被数学老师看见，弄得很尴尬。

放学后，小义开不开他的车子，有些着急，乐乐"及时"地出现了，小义怀疑有人给他制造麻烦。其实在这个环节中，小蕊漏掉了我们昨天商量好的一个非常重要的细节——为了不让小义怀疑是自己班同学做的手脚，要让几名走读生也假装自己车子无法正常打开车锁，但到了现在，这个环节没了，这就引起了小义无休止的怀疑。最后，小蕊见他不肯罢休，只能央求贺想，让贺想主动承认是他做的。

天哪，我想，现在小义一定恨透了贺想。平时他俩关系还算可以，现在反而弄巧成拙了。据乐乐说，小义一直在骂贺想。多么无辜的贺想啊！

小蕊还算是个很能坚持的人，陪着小义去修车子，最后小义不吱一声，独自推着车子跑了，小蕊追了他好远又独自回来。这一回合应该是失败的。

就在我一筹莫展之时，常壮过来找我，他说，他和小义聊得很好，他把自己出去打工的感受告诉小义，小义现在很听他的话。我在疑惑中，略带些希望地看着常壮，或许他能走进小义的内心？

又一次轮到小义值日了，常壮和他聊得挺热乎，他说要和小义一起参加劳动，小义当时也同意了，但是，放学时小义却要背信弃义，出尔反尔，不参加值日。常壮搂着他的脖子缠着他不让他走，和他亲密地说着，小义低下了头，但在一旁的王俊看得直跺脚，没耐住性子，直接冲小义吼了一声："你到底值日不值日？不值日就别来学校了！"小义可能是被他暴怒的语气震住了，就在空气凝结的一刹那，他疾速地拎着书包跑掉了。

全班人都绝望了，包括我在内。

没过多久，我就带我们班的学生去富士康进行社会实践了。小义刚好因为当天请假没去成，继续留在学校学习。我走后不久，他的新班主任打电话给我说小义已经几天不去上学了，后来和他妈妈通电话，小义妈妈告诉我说小义觉得没有我不适应，就是不去上学，没办法给他办了休学。我觉得很吃惊，因为在我们相处的日子中，他丝毫没有表现出对我有任何的尊重或依恋，现在怎么可能这样呢？

我每天登录 QQ 时，都会看到一个网名叫"叼着奶嘴上网"的人会给我的花园浇花，每天都会盛开一朵玫瑰，我很纳闷，一看，竟然是小义。

前不久，我看到一条小义的留言：老师，我想进咱班扫地。

小敏老师

小敏老师：

您好！

很高兴看到您的班级日记，教学反思就应该这样，不仅仅局限于写成功的案例，还要写不成功的反思。小义的故事就是个很精彩的不太成功的反思（可能以后会成功，但从目前看确实是不太成功）。写这样的日记，对您的成长是有很大好处的。

从文章看，您对学生很有爱心、耐心，也是从内心深处想帮助小义，小义一定能感受到您的真诚善意。所以他才在您离开以后，那么想念和您在一起的日子。这让我想到，教育的特性里有一个延时性的特征：我们班主任为学生所做的事，有时候会有立竿见影的效果，有时候可能要等很久以后，效果才会显现。

而最有效的感化学生的方式，应该是上文提到的，您对学生的真诚、善意。

但是为什么小义进步这么慢呢？

我们首先来看您和小义的第一个回合：您和小义谈好要值日，但放学后他却坐在座位上不动。嗯！据我猜测，小义是在纠结，他处于值日还是不值日的犹豫中。这是他进步的表现。倘若他还像以前一样，肯定一放学就背着书包跑了，哪里会一直待在教室里一个多小时？这时候，咱们做老师的，何必要等他自己觉悟，不如热情地喊他："小义，快来，老师和你一起值日。"这就是在他心里矛盾的时候，帮助他做出正确决定，推他一下，或拉他一把，他可能会站起来。但是，如果我们这样要求了，他还是不理，怎么办？我们可以自己拿起扫帚打扫，然后再次喊他："小义，快来帮助老师啊！这个地方我总也扫不干净，可能是昨天带孩子累着胳膊了。"我们把自己扮成弱者，用充满信任的语气喊他，从内心深处认为他会来，他乐意帮助老师——注意，是帮助老师。他一定能听出来我们的期望，可能就真的来了。相反，倘若我们很生气地质问："你到底打扫不打扫卫生？你怎么说话不算数？"他可能就怒气冲冲地离开了，他本来就没有"说话算数"的习惯，我们这样一喊，他索性就想：我说话就是不算数，你怎么着吧！

故事后面的发展也证实了这一点。

所以，我们一定要清楚：每个学生心里都有积极向善的一面，也有消极怠工的一面，我们要想办法激起孩子们好的一面，忽视或漠视孩子们不好的一面。同时，在学生人生的跑道上，教师、家长、朋友向来只是一个啦啦队的角色，是不动声色推波助澜的角色，而不应该只是埋怨、要求、谴责。同时，老师要注意：在和学生交往的过程中，面子问题，完全可以暂时抛到一边。我就经常用笑脸面对学生的横眉冷对，我内心想的是：任你孙猴子神通广大，也跳不出我如来佛的手掌心，我何必和你计较？有了这样的底气，再加一脸笑容，满心真诚，学生自会见好就收。心灵真正的强大，就表现在这里。

故事再向后发展，您和副班长、其他同学想联合起来给小义教训，结果弄巧成拙。我觉得你们在这一回合做得真的不太高明，甚至得不偿失。一块冰，你暖都暖不热，怎么能和班干部联合起来放他自行车的气、破坏他的车锁呢？这不是要推着他到老师和全班同学的对立面吗？班主任可以和班里同学联合起来帮助某一个学生，但是，我们要让这个学生感受到的，应该是全班同学都期望着他进步，只要他有一点点进步，就会赢得全班同学的掌声；相反，只要他继续违反纪律，我们将非常遗憾、失望——注意，是遗憾、失望，而不是敌意、捉弄，不是为他设置障碍，再虚情假意地帮他。

在这一回合，你们的初衷是好的，但那种方式，是我最不赞成的。阴谋就是阴谋，绝无善意恶意之分。这让我想起《水浒传》里的很多故事：某大侠本来经济实力强、社会地位高、生活有滋有味，但他的好几个朋友是梁山好汉，为了拉他上梁山，几个人合伙设计，逼迫这位大侠违法犯罪，走投无路。真是交友不慎、遇人不淑啊！这也是我认为《水浒传》绝非好书的原因之一。现在，为了让小义融入班级，你们运用了梁山好汉的做法——设计放他自行车的气，破坏他的车锁，班干部和优秀学生一起撒谎，做完坏事再冒充好人，岂料事情败露，便又撺掇小义仅有的朋友承认错误，导致这位同学引祸上身，引来小义的怒骂。小义该有多伤心？他怎么去相信身边人？这真的是一出闹剧，就算设计成功，小义果真回到班级，学会了值日，但是，我们失去的却是班干部和部分优秀学生的真诚纯洁，他们极有可能将这样的"阴谋"带到自己未来的人生中，他们可能会为了目的不择手段，这不是我们教育的目的。

教育者必须做到的是：我们不可以单纯地去追求事情的表象——让学生值日，而忽视学生在成长中拥有的品格——真诚、纯洁、善良、坦荡、豁达。只有我们做到了"正"，才可以去对抗学生的"不正"。

在第三个回合，是常壮主动出面拉小义值日，却以失败告终。其实，我倒是很赞成常壮的做法，笑着、玩着、关心着、强迫着小义去学习值日。就算王俊发火把小义吵走了，只要小敏老师和常壮不气馁，继续要求下去，有人唱黑脸，有人唱红脸，假以时日，小义进步的可能性非常大。

我认为这个故事里最有意思的是，小义的网名叫"叼着奶嘴上网"。我们知道，网名都是自己取的，可以代表自己的内心。比如，你的网名叫"大脸猫"，他的网名叫"大脸虎"，单从网名看，你们两个人的性格绝对不一样。大脸虎可能更霸气一些，大脸猫更可爱。

小义为什么叫"叼着奶嘴上网"呢？据我猜测，他的心智可能还不成熟，而且他自己也没有成熟的意识。可能这才是他不值日的根源——他在潜意识里想回到童年叼着奶嘴的状态。在那个时期，他可以不尽义务、不值日，可以只享受权利而不承担责任，一切都随心所欲。我们若要帮助他，就需要了解他的成长背景，并和家庭教育相结合，就如上文常壮和王俊所做的一样，班主任只带着几个优秀学生或班干部，用满脸灿烂阳光的笑容，呼唤着小义："来，我们一起把黑板擦一下。"每次成功完成任务，老师都大张旗鼓地表扬他，让他深刻体会到成长的愉悦，体会到作为一个有责任、有担当的男人的愉悦。

文章的最后，说小义怀念小敏老师，想进班去值日，这说明他进步了。究其原因，就在于小敏老师对小义不抛弃、不放弃，无条件接纳，这是母性之爱的特点，最能满足他"叼着奶嘴上网"的不成熟需求。小义要成长，他需要的不是计谋、惩罚、说教，而是班主任和同学们欢欢喜喜的召唤、引领、温暖、滋润。

一家之言，仅供参考。不当之处，还望谅解。

您的朋友 李迪

学生总认为别人欺负他，怎么办？

李老师：

　　您好！

　　我班有个学生叫小雷，年龄不小，个头也不矮。这学期新生一共上了14周课，可他爸爸来了两次，他妈妈来了四次，都说孩子在学校受欺负了，而且每次都是不同的同学欺负他。他爸来过一次之后，我隔三差五就问问他和班干部以及同宿舍的人，都说没人欺负他，可刚几天他自己就跑回家把家长领来。我估计，他肯定是刚开始受欺负了，但把欺负他的孩子处理之后就没有再受欺负。也许小雷分不清同学之间是开玩笑还是欺负，不知道怎么正常跟同学相处吧！另外就是家长保护过度了。我们班一共九个宿舍，他这一个学期就换了五个，这样的学生该怎么办啊？每次我问他，他就说没问题，然后家长来了之后他就很有问题、很有理，把他点到的学生喊来了解情况，都说是开玩笑或者他自己先找别人玩，然后玩着玩着就恼了。

　　李老师，让我说句开玩笑的话，这个孩子就是那种一看就会受欺负的样子。您说我应该怎么办呢？

孙老师

孙老师：

　　您好！

　　实不相瞒，看到您上文最后一句话，我实在忍俊不禁，很不厚道地笑了。我完全明白您的意思。作为教师，我们总是被要求为所有孩子主持公道。但是，无论我们承认不承认，在这个世界上，有一部分人，他们运气不好，他们确实很容易被欺负。而且，他们的坏运气和被欺负，根源也许就在他们自己。

"可怜之人必有可恨之处"，说的就是这类人。这让我们常常哀其不幸，有时又难免怒其不争。

我想，无论是小雷，还是小雷的父母，可能都属于心理学中的"指责型人格"。

谈到指责型人格，首先让我们简单了解一下什么是"人格"。

人格即人们对外界相对稳定的、总的反应方式。比如有的人是外向型人格，有的人是内向型人格；有的人是悲观型人格，有的人是乐观型人格。人格是潜意识决定的，很难改变。所以人格的特点具有高度的稳定性，我们说"江山易改，本性难移"，这里的"本性"，就有"人格"的含义。

"指责型人格"在现实生活里很常见，他们经常认为别人有问题，一切都是别人的错。那么，我为什么说小雷和他的父母都有可能是指责型人格呢？

指责型人格的第一个特点是潜意识聚焦他人的缺点。身边同学每个人都有优点也有缺点，彼此间磕磕碰碰在所难免。昨天我可能帮过你的忙，但今天我无意中说了你一句难听话，对于非指责型人格的同学来讲，这都不算什么，但指责型人格的同学往往会选择性地遗忘别人对他（她）的好，而仅仅聚焦于今天别人无意中说了他（她）一句难听话，因此认为别人欺负他（她），并且越想越觉得"就是这么一回事——他们确实欺负我"。

所以，小雷会将同学们开的玩笑当成欺负，或者和同学们玩着玩着就恼了。

指责型人格的第二个特点是有弥漫性倾向。他们不是对局部的、少数人进行指责，而是广泛地、弥漫性地指责，总是看到身边所有人的缺点，而不是只看到少数人的缺点。他们对身边的人样样都不满意，总觉得全世界的人都错了，只有自己是正确的。因此小雷会在一个学期换五个寝室，并且认为每个寝室的人都欺负他。

指责型人格的第三个特点是继承性，其继承性的学习方式主要是明示和暗示。西方有一个伟大的心理学家叫萨提亚，他通过研究大量数据，分析出来这样一个结果：指责型人格绝大多数是从父母那里继承过来的，不过这种继承不是通过基因遗传，而是通过后天学习得来的。并且，多数是通过同性父母模仿（当然也有异性父母影响。比如单亲母亲带大的儿子，妈妈是指责型人格，儿子也可能是指责型人格。或者，父母虽然没离婚，但是妈妈在家里很强势，儿子模仿家里强势的那一方，自己也开始形成指责型人格），同性别模仿占70%。应该说，小雷年龄不大，也许他的指责型人格还没有完全形成。所以，他在学校的时候，孙老师问他是否有问题，他说没问题，但家长来了他就很有理。这可能是小雷回家和父母谈起在学校的一些事情，父母马上很敏感地意识到：小雷受委屈了，都是别人的错。小雷受到这样的明示或暗示，便跟着父母来告状。其实，如果父母说同学们之间打打闹闹很正常，小雷便不会觉得自己多么受委屈。有时候，真正让孩子心灵受到伤害的，不是小朋友之间的推推搡搡，而是自己被推倒后，父母的怒发冲冠、暴跳如雷。

所以，要解决小雷的问题，最关键的恐怕还在于他的父母。

指责型人格的第四个特点是有家族性。上文已经谈到，指责型人格具有继承性，那么，这种人格不可避免地就会出现家族性。我们会发现，一个孩子有指责型人格的倾向，是因为他的妈妈是指责型人格，而且他的姥姥、大姨、舅舅都是指责型人格。

指责型人格的第五个特点是无意识性。他们是真心认为别人做错了，只有他自己才是正确的。小雷和他的父母是直接指责别人做错了，自己受了委屈。但有时候，指责型人格的人是在内心指责别人，他们表面上不说是因为他们缺乏安全感。指责型人格内心深处关注的、聚焦的永远是缺点，他们认为自己说别人的缺点是为了别人好，所以他们的人际关系往往比较紧张。就好像有人养了一只鸡，这只鸡会生鸡蛋，但是也拉屎。指责型人格往往会聚焦于鸡拉屎，而忘记了鸡还会生蛋。所以，他们往往不够快乐，觉得自己没有快乐的理由。

具体到小雷的事件，我们可以分析出，小雷有指责型人格的倾向，完全是因为他的父母是指责型人格。小雷的问题出在学校，根源却在家庭。要解决小雷的问题，首先要做的，是让小雷的父母意识到自己是指责型人格，且说明指责型人格会产生诸多问题，他们不但人际关系紧张，而且容易导致身体出问题，比如头疼。指责型人格的人总是在指责别人，说别人的不好，便容易导致脑供血不足。据心理学家大量数据研究表明，指责型人格的人容易患高血压，患癌症的比例也更高。指责型人格的人运气很差，因为我们每个人都有一个气场，指责型人格的气场不利于他们调动周围的人去帮助他们，他们的感恩心也很差。

那么，我们怎样引导小雷的父母改变自己呢？

按照小雷父母的性格特点，孙老师直接找他们聊天、谈心，直接指出他们的缺点，他们恐怕不会信服，甚至认为老师是故意针对他们、欺负他们。所以，孙老师不如整体地引导所有家长了解一些教育学、心理学知识。其中比较有效的方法有以下几种：

（1）定期在家长微信群或 QQ 群里开讲座，谈如何做一个好家长，如何陪伴孩子快乐地成长。关于指责型人格的特点、导致坏运气等，可以成为讲座的重要内容。除了讲解，还可以到网上下载一些心理测试题，让家长去测试自己是否具有指责型人格的特点。同时告诉家长们，指责型人格可以通过改变视野来改善，可以通过对事物的全面认识来改变思维。每次在群里开过讲座后，都要安排比较热心的家长整理聊天记录，并发在群共享里，供家长们后期复习。

（2）定期给每个家长写信，提出自己对家长们的期望，并在信里再次阐述指责型人格可能给他们带来的不幸。

（3）定期办家长报。除了简要指出指责型人格的特点，还要指出指责型人格的人在得知自己是指责型人格，并且认识到此人格可能给自己带来麻烦后，会尝试改变，但有时候一些改变不是真改变，而是粉饰自己指责型人格的特点，让这样的特点合理化。常见的粉饰方式有：①打扮成宗教信徒，去渡人。总是苦口婆心地说：你这不对，那不对……②针对身边人的主要特点，说别人好，来指责身边人的不好，变相贬低身边人。

应该说，就算是粉饰了的指责型人格，也算他们有了进步，但无论如何，他们还是指责型人格。

（4）开家长会的时候，告诉家长们，真正要改变自己的指责型人格，就要学会聚焦于人、事、物的正面信息和优点，并发自内心地感恩，这样才能通过潜意识语言让周围的人觉得舒服，觉得帮助自己有价值感。这样的人，运气也会越来越好。

（5）请孙老师相信，指责型人格有很强的稳定性，我们想改变家长是不可能的，除非他们能在专业心理咨询师的指导下进行"催眠"。但是，我们要向家长强调，孩子现在的人格还不稳定，希望家长们能注意自己对孩子的明示或暗示。

孙老师，您说"……让我说句开玩笑的话，这个孩子就是那种一看就会受欺负的样子……"这不是玩笑话，而是一句真话。因为很多人甚至会有意无意地"引导"别人欺负自己。我记得幼年时期，看过一个电视连续剧，叫《篱笆女人和狗》，里面有一个贤惠善良的女主角枣花，她的两次婚姻都很不幸。在第一次婚姻中，铜锁不务正业、打骂老婆，可以说不是个人物。我们都很同情枣花——她毕竟连洗脚水都给丈夫打好了，所以说，铜锁就是个"渣男"。但是，枣花和铜锁离婚后，铜锁找了一个泼辣厉害的女人，这时铜锁却成了"五好"丈夫；而枣花的第二次婚姻，丈夫小庚心胸狭窄、自以为是，让人越看越难受。

枣花何以如此不幸？

现实中，我们发现有些人总是任劳任怨，不肯用正当的方法争取自己的权益，一直忍气吞声。他们忍气吞声的时候，其实也有一个气场，这个气场让人感受到他们站在道德制高点，指责着身边的人：我都这么做了，我都这么可怜了，你还是欺负我，你就是个混蛋！当然，这样的心声他们自己没有说出来，却能让人感觉到。人们在感受到这个气场后，会很生气，却无言以对，便转而恼怒：既然你认为我这么混蛋，而我也实在觉得自己很混蛋，那我就干脆混蛋给你看！

同理，小雷的同学一开始仅仅是和小雷开玩笑，结果小雷的父母总是明示、暗示小雷被同学们欺负。这样会导致两种情况。第一，同学一旦和小雷开玩笑，他就忍不住想：同学们是不是又要欺负我了？小雷这个委屈的样子难免会引起同学们的欺负——因为小雷形成的气场，就给了同学们这样的暗示：既然你认为我在欺负你，那我索性就欺负你算了。第二，同学们在被小雷家长告状后，为了避免嫌疑，会有意无意地冷落小雷。这样的冷落，才是真正的伤害，小雷更会做出一副被欺负的样子。

多么希望小雷的父母能明白这个道理。这还是要靠孙老师对家长的引导。

希望我的建议能对您有所帮助。

您的朋友　李迪

第三辑

遭遇班级管理难题

自己班学生与外班学生发生了纠纷，怎么办？

李老师：

　　您好！由于平行班之间存在着纪律、卫生、成绩等方面的竞争，我们一班和二班的关系有些微妙，本来就有小矛盾，今天又因为篮球赛，两个班的学生差点打群架。我想退一步海阔天空，便去向二班的学生道歉，结果二班的学生不领情，我班的学生埋怨我胳膊肘向外拐。我成了钻进风箱里的老鼠，里外受气，两头不落好。对于类似情况，您有什么好的建议吗？

　　谢谢您！

王老师

王老师：

　　您好！

　　您现在的处境我非常理解，就算是刚刚入学的两个平行班，也会由于竞争闹出矛盾。这时，班主任需要想办法缓解矛盾。如您所猜，我也曾多次遇到过类似事情。

　　2005 年带新生班，还在军训期间，一天一大早，我刚进校门，就被二班的班主任和班长截住了（我是一班班主任）。

　　据说，前一天晚上二班寝室的同学在唱歌，影响了我们班同学写日记，我们班萱萱说了难听话，两个班就此发生争执。后来，我们班秋丽拿了一把刀子上她们寝室去，矛盾闹得更大。她班班长说："我们班学生气得一夜没睡好觉，早饭也吃不下，军训动作也做得乱七八糟。"同时责问我，"你班的学生怎么是这个样子？听说拿刀子的同学还可能当班长呢！"

　　我当时不了解情况，但发生了这样的事，我们班肯定有责任，所以听她说完，我表态道："首先，是我们班个别同学做错了，我代表她们向你们道歉！其次，这只是我们班个别人一时冲动，并不代表我们班的班风，希望我们两个班以后还能和睦相处。至于班长，我现在还没有想好谁当合适，你们不要乱猜测。"看她没有反应，我转向她们班的同学："是我们班个别同学做错了，我代表她们向你们道歉！我这就去批评她们。"班长依然愣着，我头一歪，笑道："怎么，难道是我这班主任的道歉分量不够，非要让学生来道歉？"班长一听也笑了。

我们班有几个学生一看见我，也要跑过来，我笑着摆摆手阻止她们。她们无非是想求得我的同情，现在我才不听她们的一面之词，因为听也听不明白。事情已经发生了，我也已经道过歉了。我要了解事情的原委，完全可以看同学们的日记，或向丁教官打听。

看完日记我才明白，的确是萱萱被歌声打扰后骂了二班的一个同学，二班的学生不依不饶，两个班开始对骂、争吵，乱糟糟的也分不出谁是谁非。秋丽正削苹果，一心要休战，跑到她们寝室去言和，却忘了把刀子放下来，结果被误会为想打架，闹得更厉害了，还惊动了丁教官。两个班的教官一起出面调解也不行，最后还是丁教官向她们鞠躬道歉，此事才完全平息。

同学们在日记中说：一个巴掌拍不响，这件事本说不出个是非，但丁教官替我们班同学向她道了歉。她说，总得有人退一步，"战争"才能平息，我们就心胸开阔一些，退一步吧！以后大家相处的日子还很长，别为了这些小事伤了和气……

我不得不对丁教官这个年轻女孩子充满感激，并刮目相看了。她的处理正合我意。我只是感觉奇怪，既然丁教官已经向二班道了歉，她们为什么还那么生气呢？

休息时，我向丁教官道谢，她摆手笑道："你和我客气什么呀！其实也不全怨咱班，主要是秋丽一激动，语言表达不够利索，分明是言和，倒让人家误会了。她们班学生都伶牙俐齿的。"

我问秋丽："你怎么回事啊？"

秋丽："我本来说话挺流利的，您要求我说普通话，普通话我说不流利，就这样误会了。"

我笑道："得！还怨上我了！你说方言，人家听不懂，才更加误会呢！也没见过去言和还有拿刀子的。"

秋丽："您整天让我们宽厚，发生了这样的事，我一急，忘了把刀子放下来。她们看我个子这么高，又黑，就以为我是来打架的。老师，我错了，在家里我就经常帮倒忙，什么事都是越帮越忙，没想到来这儿也一样。"

不等她说完，同学们就嘻嘻哈哈地笑起来，接着有人问："老师，发生了这样的事，您怎么不生气？"

我说："对已经过去的事，生气有用吗？何况，我们已经知道自己错了，以后改正了就好！"

由上述案例，我们可以看出来，遇到班级间闹矛盾，首先要做的是：

（1）高姿态。面对外班师生的责问，老师连续道歉两次。其实这件事情中，外班有错在先（唱歌影响写日记），但这时对方群情激愤，如果在先错后错上纠缠，或者查个一清二楚后再表态，事情的发展就可能是另一个样子。

（2）道歉时，要把两班同学分开。免得如您的求助信里所说，本班学生和外班学生发生了矛盾，您向外班道歉，结果外班同学不怎么领情，自己班的学生却对班主任非常生气。所以，向别人道歉，首先要将自己班级的学生隔离，主要是预防烽烟再起。

（3）老师的情绪要镇定，这是一种缓和紧张气氛的"调节剂"。

（4）认错要客观准确。不能为求息事宁人，过分夸大自己班级的不足。

（5）要认真了解原委。这直接影响着处理问题的思路。向谁了解事情的原委？这也是一个策略性的问题。我不听同学情绪激动状态下的辩解，而打算去找第三者丁教官询问，去看同学们的日记。这种冷静理智的做法有一定的可取之处。

（6）平时要注重引导学生学会做人，包括学会宽容。学生心胸狭隘，是很难理解和接受老师的"退一步"的行为的。

另外，如果是中学生，也可以把问题交给学生自己来解决。

有一次，下午自习课前，二班的班长来办公室找我，怒气冲冲地向我嚷嚷："李老师，您班的学生偷我们班的笤帚！"我心里一惊，先稳住二班班长，向她保证我会处理此事，同时私下里了解原委。原来是我们班的几个笤帚丢失了，张雯同学认为是二班的学生拿走的，便径直到人家教室拿了几个笤帚回来。事实上是舞蹈老师安排学生打扫舞蹈教室的时候拿走了我们班的笤帚，忘了送回来。

我让学生把舞蹈教室里的笤帚拿回来，在放学前向同学们提出第一个问题："发现我班的财物丢失后应该怎么办？"

片刻后有学生举起手来，说："老师，应该调查清楚财物到底去哪儿了，是咱们自己弄丢了，还是被别班同学拿走了？""噢，有见解。"我马上点头肯定，这时，有个学生站起来说："老师，今天我们的笤帚丢失了，张雯硬说二班的同学拿走了，她便到二班拿了几个笤帚回来，人家的同学都找过来了，朝我们要呢！""啊？"我故作不知，问："张雯，你看见是人家拿走的吗？""没有。"张雯低下了头。"在不确定的情况下，能不能贸然行动？"学生齐答："不能。"我接着说："实际上，咱班的笤帚是让舞蹈老师拿走了，根本不是二班的同学拿走了。"聪明的张雯马上接着说道："老师，我错了。您放心，我会把笤帚还给人家，并向他们道歉的。"我微笑着说："这就对了。发现本班财物丢失的时候，我们应该弄清事实，不能鲁莽行事。如果在我们本班内部发生矛盾，互相道歉就了事了。如果是班级之间，比如这次与二班之间发生矛盾，我们应该怎么做呢？"我抛出第二个问题。

赵杰快人快语："老师，为了表示我们的诚意，由班长出面向一班道歉会好一些。""对！"我大喜过望，孩子们竟把我心中想说的都说出来了，看来他们确实长大了。接着我又话锋一转，抛出第三个问题："如果真是别班同学拿走了，怎么办？"

学生马上又讨论起来，最后达成一致意见：先由班长出面，找对方班长，针对拿笤帚的事件进行交涉。如果对方不是故意的，拿回来就行；如果是恶意行为，要进行说服。倘若此路不通，再请老师出面，关键是态度要诚恳，不要引起新的事端。

这时我进行最后总结："是啊，真的与邻班发生了纠纷，也不要鲁莽，要学会选择一种较好的方式解决问题。"

王老师，多年的班主任工作使我认识到，班级之间发生矛盾，有轻重大小之分，应区别对待。若矛盾仅仅停留在争吵上，双方必然是公说公有理，婆说婆有理，无论当事人还是旁观者，头脑里都一片混乱，分不清谁是谁非。这时候，老师一定要保持冷静，不妨将自己了解到的情况，条理清楚地逐一复述出来，这是语言沟通中很重要的技巧，班主任一旦掌握，对自己的工作开展将非常有利。

学会复述，就是重复对方刚才讲过的重要文字，再加上开场白。例如："你是说……"、"你的意思是……"、"看我了解的是否清楚……"等。这样的复述看似简单，事实上很有效果，能让学生感觉到我们很在乎他说的话，这时学生是愿意接受我们的建议的。接下来我们就可以运用"先跟后带"的做法，也就是先附和对方的观点（即心理学中的"共情"），再带领他们去我们想去的方向，让学生在讨论中明白是非，自己教育自己。

希望我的建议能对您有所帮助！

您的朋友　李迪

班干部突然辞职，怎么办？

李老师：

　　您好！

　　班干部一般都是班主任的"左膀右臂"，我没有想到，这一次，班干部竟然一个接一个地来向我辞职。

　　面对他们的辞职，我该怎么做？您帮帮我吧！我已经乱了阵脚了……

齐老师

齐老师：

　　您好！

　　收到您的来信，我深表同情。但是，您的提问太简单了，以后遇到类似的事情，我建议您首先分析"为什么"，然后再问"怎么办"。

　　班干部突然辞职，原因可能有以下几种：

　　第一，校规、制度欠妥，班干部不知何去何从。

　　比如，我曾经听过这样一个案例：

　　放学的铃声刚响过，一向开朗活泼的慧就冲进了办公室。

　　"妈，今天我给你们班扣分了！"然后就一头扎进妈妈的怀里哭了起来。

　　"扣就扣吧！哭什么啊？"妈妈拍拍肩膀安慰道。

　　"因为我今天只扣了4分，还差一分才能完成任务，所以……"

　　"妈，我不想当检查员了！"

　　接着又是一番嚎啕大哭……

　　看着慧脸上的那行泪、她妈妈眼中的那份痛，心头的酸楚和无奈瞬间漫上心头：她不知道，当慧第二天向班主任提出辞职申请的时候，慧的班主任会做何感想？又会如何去做？同意还是不同意？

是什么让慧选择了辞职？

是因为作为辅导员、班主任的我们，对她进行了太多的干涉，甚至是给了她无法承受的压力：为了提高学校常规管理的水平，学校制定了这样或那样的标准，并且要求检查员每天必须完成相应的扣分任务。这个初衷是好的，但对于班主任来说，扣分不但意味着扣钱，还会影响班级评优等荣誉的评比，因此在执行的过程中，就会与各班班主任的那份"维分"之情，那份"护犊"之意发生矛盾。

不扣？辅导员训！扣？班主任斥！

在"扣"与"不扣"的两难抉择中，慧选择了给自己的妈妈扣分；更因为这份无奈，扣分之后，她选择了辞职！

类似慧的这种辞职情况有很多，老师过多的干涉是班干部辞职的原因之一，作为班主任的我们，面对这样的情况，应该做的是给学生一片自主管理的天空。既然选择了学生自主管理，我们就不要过多加以干涉，"相信他，就放开他"。否则，在一次又一次的掣肘难书之后，"辞职"将是班干部最终无奈的选择。

第二，班级的邪风压住了正气，老师却感受不到，班干部只好用辞职来提醒老师。这时"请将不如激将"。

"老师，我不想当体育委员了，每天课间跑操时，总会有一些同学不出教室，我喊她们，她们无动于衷，叫的次数多了，她们就烦。今天，竟然有人叫我'九斤老太'，而且有几个人联合起来和我作对。每次上体育课，她们都故意请假、迟到、乱说话，上课时，有同学不守纪律，我大声说她们几句，她们能记上好几天的仇……我真的无法承担这样的重任了，只好辜负你对我的期望了，请你多理解我。"上过课以后，体育委员给了我一封辞职信。这是一个原则性很强的学生，性格正直、耿介，可以说是"眼里容不得半点沙子"，有一定的组织能力。没想到一些学生却和她对着干。可能是她的耿直得罪了一些人，也可能是她的工作方法不太科学，更有可能是班级风气不正，而我没有意识到。这么好的班干部我可舍不得她辞职。

于是，我先在班里了解情况，让学生在班会上设身处地地想一下：如果自己是体育委员，大家早上都不起床或体育课经常请假，会有什么样的心情？体育委员有责任和义务叫大家起床吗？等将来大家上班后，还会有人喊你们起床吗？当别人都评价我们班纪律一团糟的时候，身为班级的一员，你们有什么感想？

这样的班会开下来，班级舆论马上转变为对体育委员有利，但体育委员依然犟着要辞职。班会上，我没有反驳，也没有同意。第二天，我叫她出来，说："我想了一晚上，你说的也有道理，你以前做的很好，真的对老师是一种莫大的帮助，谢谢你。你实在不想干，老师也不勉强你了。不过学生管理不好，老师也有责任，你的做法提醒了我，我也准备和你一同辞职。班主任我也不干了，一会儿我就去交辞职信。"她一听，马上惊愕地看着我："老师，不要啊，我们都需要你。"我说："不行，我觉得纪律不好，我的责任更大，当这个班主任我失职了，我一定要辞职。"她看了我好一会儿，然后小心地说："老师，是我错了，你不会生我的气吧？"我一听，放下心来，这个干部总算是留住了，接着我对她说："'听兔子叫就不敢种豆子了'吗？越是有困难，越要迎难而上，逃脱、躲避都不是办法，因为你生活在社会中，一定要学会和形形色色的人打交道。现在能当好一个女生班的班干部，将来走上工作岗位，做一个领班或部门主管都没问题。"接着我耐心倾听她对班级管理的建议，又和她讲了作为一名班干部，应该如何看待整体和个别舆论的问题。管理严没有错，时间长了同学们会理解的，当个称职的班干部不容易，该忍就得忍！如果真的有特别过分的学生，我们就一起来解决。至此，一场辞职风波总算解决了。

对有些学生来说，顺耳话顶用，对有些学生来说，逆耳话顶用。如果我不问青红皂白，用老师的威力来压制体育委员，她可能也会应承下来，可那样的结果只会是工作上的敷衍了事，没有任何积极性和主动性，长此下去，她和同学的关系只会越来越糟。对这样的学生，就要想办法让她从心理上接受，从而愿意接着做。有时候，请将真的不如激将。

第三，班干部"两耳不闻窗外事，一心只读圣贤书"，不愿意为班级服务。在劝说无效的情况下，可尊重他们的选择。

这样的人在班级里其实很多，他们可能从小就不太关注其他事情，觉得做好自己的事就足够了。这类学生其实不是自私，而是本性如此。这类学生倘若能突破自身个性的缺陷，愿意关注身边事务，并积极帮助他人，将会成为非常难得的人才。但是，很多学生只怕是本性就不知如何操心。

我曾带过一个叫莎莎的学生，成绩好，语言表达能力强。在没有当班长之前，为班级提的建议一套一套的，很有见地。当时的班长小新热心班级事务，却做事冲动。小新在一次冲动后，动手打了某个学生，激起了全班同学的公愤，最终班长职务被罢免。莎莎在班长竞选中脱颖而出。但是，没想到，这个成绩好、语言表达能力强的莎莎，却根本不知道如何为班级操心。周日学校组织同学们去绿荫广场护绿，她自己都不去，同学们当然也不积极。我询问的时候，她有点不好意思地说："周日想玩儿，就控制不住自己，去玩儿了。"同学们非常失望。早读、晚自习纪律有点乱，她也不管，只顾自己读书、写作业。同学们说："班里这么吵，班长你也不维持一下纪律吗？"莎莎冷冷地回答："我维持，你们听吗？"

学生不禁又留恋起小新的认真来。莎莎更不快，终于有一天，她当着全班同学的面对我说："老师，我不愿意当这个班长了。"

我问为什么。她说："我要好好学习，没有精力去管这么多事。班长就让那些想破了脑袋想当的人去当吧！"

倘若她的第一句话说出来，我和同学们在震惊之余还想挽留，她后面的一句话，就把全班同学都激怒了："谁想破了脑袋想当班长？你说清楚一点啊！"

此时，我也没有了挽留她的心，很爽快地答应了她的要求，并告诉同学们，下节班会课重新竞选班长。

其实，像莎莎这样的同学，是不适合当班长的。即使当了，也不称职。任何一个班级，都需要有一定组织能力、管理能力、协调能力的人做班干部，也需要一心学习、安静思索的"学霸"去参加各种技能竞赛，更需要沉默的大多数做班级的定海神针。班主任在班级成立之初，就要认真观察学生的特点，做好分类。一旦学霸型学生或"沉默的大多数"型学生误当了班干部，除非他们发誓要突破自己的个性缺陷，否则的话，很快就会让学生不满。此时，他们提出辞职，班主任最好顺着台阶下，不要过于挽留。

第四，部分班干部受到某一个强势班干部的威胁，集体辞职。遇到此事要冷静下来，打游击战。

"老师，我想辞职，不想当组织委员了。"早会课上，小玲忽然如此说。当我将惊诧的目光投向她，她还稳稳地坐着，没有站起来的意思。我愣了片刻，邀请道："好，我们到走廊上谈一谈。"

万万没想到，跟随我走出教室的，不仅仅是小玲，还有其他班干部，一个个低着头，垂着手。我不禁纳闷："你们做什么？"

文静的班长涨红了脸，小声说："我们也辞职……"我的头"嗡"的一声大了："为什么啊？"

班长和其他班干部不说话，眼睛里写满忐忑、歉疚、胆怯、不忍。小玲抢先回答说："因为同学们评优不公平，班干部出力不讨好……"小玲情绪激愤、滔滔不绝，言谈间充满挑衅。我耐心地等她把话说完，却不接招，答非所问道："这两天老师好忙，要备课、上课、开会、出试卷、批改作业等等。你们暂且各司其职，等我忙完这一阵子，我们再从容商谈。"

留下一群惊愕的班干部和一个寂静异常的教室，我转身而去，脑子飞快地转着：班干部集体辞职，为什么？哪些人挑头？那些人跟风？是我做错什么了吗？班级同学怎么看待此事？

通过周记，我了解了真相：一切都是小玲挑头。难怪她气势汹汹，铆足了劲想和我过招。接手这个班级没多久，我就感觉个别孩子身上有一股邪气，小玲就是其中之一。她有一定的号召能力，因此开学初我就让她当了组织委员。她很努力，和以前相比有进步，但她毕竟懒散惯了，免不了违反纪律。在这次评优评先中，她落选了。她感觉自己的付出没有得到回报，因此委屈、愤懑、要辞职，且鼓动所有班干部和她一起辞职。其他班干部抹不开面子，就在早上跟着她走出了教室。

我庆幸自己当时没有大发雷霆，那样做无疑是将所有班干部推向我的对立面。其实，多数班干部在评优中没有落选。班干部们的努力同学们都看到了。

接下来的两天，我继续冷处理，不进教室，也不和班干部照面。我能想象到小玲没有对手，是如何将最初昂扬的斗志压下，换作后来的忐忑不安。同学们毕竟有自己的是非观，其他班干部对小玲也未必言听计从，而我一反常态的冷落，让班干部倍感内疚，他们如同闯了祸一般，做事更加认真谨慎，同学们也格外乖巧。

三天后，小玲主动找到了我，眼睛里已经没有了挑衅。我越发真诚地和她谈心。我知道小玲需要的不是辞职，而是我的安慰、鼓励、精神嘉奖。我便满足她，肯定她的努力，她的进步，她的组织能力，她的兴趣、优势，她的潜力和发展方向等等，又倾听她的烦恼、苦闷、成长经历，对辞职一事提都不提。

当然，此事在教室里更不能提。因为班干部们更加尽心了。"无招胜有招"，对某些事情，不解决也是最有效的解决方式。

第五，班干部职能错位，不小心被当成了"眼线"或"汉奸"。

有一天，同事小张找我求助，说她班的班干部找她辞职，因为学生都骂她们是"汉奸"、"叛徒"。她问我该怎么办？

据我分析，这种情况极有可能是班干部职能错位所导致。我曾亲耳听到一个有多年班主任工作经验的教师，在班主任研讨会上沾沾自喜地说："为什么我对班级情况了解那么清？因为我有内线。"当时另一个老师也持赞同意见，说："一个班级里如果没有几个班主任的'心腹'向他（她）报告班级事务，你这班主任当得就有点失败。"

有过多年班主任工作经验的我，早知道在班级管理中将班干部当成"情报组织"、使用"内线人员"（即安排一些班干部暗中观察班级内各成员的言行举止，并向班主任汇报）有其有利的一面，主要表现是班主任的工作负担减轻了，在一定程度上掌握了班级的动态，调动了学生关注班级的积极性，培养了学生的观察能力。但是，更多的却是弊端，是不利的一面。

肖娜是我们班一个个性张扬，迟到、旷课不断的女生。即使在课堂上，她听课也不认真，不是玩手机就是睡觉。但是，她很讲义气，又见过一些世面，在某些方面比较成熟，语言表达能力很强，在班里属于"你不犯我，我不犯你；你若犯我，我绝不罢休"的角色。当时我在班里也没有安排过什么"眼线"，只是喜欢在和学生聊天的过程中了解班级情况，惊悉肖娜在班里耀武扬威。我要为多数柔弱温顺的同学主持正义，当天就在班里发了火："听说我们班有个别同学认识了几个高年级的人，觉得自己翅膀硬了，公开声称谁惹了她，她就不会让人家好过。今天我就惹惹这个同学，我很想知道这个同学打算怎么报复我。"

虽然没有点名，但肖娜一听就知道我说的是她。第二天，她就交给我一篇周记，周记中说：

让时间来证明一切吧！我承认我令您和大家失望了，我不该说那些话。错了就是错了，我无话可说。至于是谁在您面前告发了我，我不用想都清楚，我只是在忍着。往往说别人的人才是最坏的——我是这么认为的。我不会跟您说她怎么怎么样，这样没意思，我还是那句话，让时间来证明一切。

我这人不希望跟别人结仇，任何一个人都不想。我心里一直在想，如果她不说我该多好呀，那样我们即使成不了朋友，也不至于成为仇人。是她让我们对立了，如果是我，我就没那么多事，我把什么事情都看得很开。凡事为自己留条后路，这是我做人的原则，我很少得罪人，但别人一旦得罪了我，我确实会发毛的，我没那么傻。

我就不明白了，老师，您怎么就觉得她这样说我就好呢，她告了我的状，她就成好的了，一炮走红了，您不觉得那样的人可耻吗？除非您跟她站在同一条战线上。

　　老师，我不希望您有事没事找几个人私下打听同学的情况什么的，没有完美的人，谁人背后不被说？这样会使我们同学之间产生矛盾。我不会跟您反映谁谁怎么怎么不好，怎样怎样，又得罪人又亏心。为什么非要让每个人丑陋的一面都被您知道呢？就算我有缺点，既没有危害班级，又没有危害到她本人，您何必向她打听，何必让她里外不是人呢？以后如果您还是这样，聪明的人只会说好听的，笨的人就会告别人的状，那咱班很快就该闹分裂了，整个班级都拉帮结派。以后有活动了，会有人说："哎呀！我看到她们就恶心，她们参加了，我们就不参加了，眼不见心不烦。"老师您更不希望这样的情况出现，是吧？我知道您带我们这么一个班很不容易，带我们几个爱捣乱、有个性的学生更吃力。不过，我不认为我们班有什么坏女孩儿，在我看来，我们这个年龄段的女孩儿都是那么阳光、活泼、可爱、洒脱，怎么会有坏女孩儿呢？再坏能坏到哪儿去呢？在我看来，大家的本质都是一样的纯洁，或许是她无意中犯下的错，她不是故意的，只要以后不再犯同样的错，她还是个好孩子，是吧？您别让大家把各自丑陋的一面展现出来了。

　　肖娜的确是最让我头疼的问题学生之一，她的观点有些偏颇，却又那么深刻，"您别让大家把各自丑陋的一面展现出来了"这句话简直振聋发聩。因为我们每个人内心深处都有善恶两面，教师的作用就是尽力鼓励学生向上、向善，而在班级里设置"眼线"，无异于老师一手催开了学生的"恶之花"，确实不利于形成和谐的班级氛围，对"眼线"同学的身心健康也极为不利。作为班主任，我们当然应该了解班级情况，这就需要我们用心观察。即使要了解情况，我们要的也应该是光明磊落的"大报告"，而不是"小报告"。

　　后来，我带的班级一向是有什么问题、不满，干脆在班会上锣对锣、鼓对鼓地说清楚。这样一来，虽然班级很多情况我不能在第一时间知道，可能带来很多被动，但是相对于催开"恶之花"，我宁肯选择工作暂时的被动。

因为对班级每个学生个体尊严的保护，才是第一位的。

首先，单单从同学关系来看，将班干部当成"眼线"会影响正常的同学关系，同学们会感觉在某个黑暗的角落，有一双无形的眼睛盯着自己，不安全感便会油然而生，导致同学之间产生信任危机。大家在学习生活中变得小心翼翼、提心吊胆，多了恐惧、苦涩和无奈，少了健康成长的环境。

其次，由于充当"内线人员"的班干部思想品德参差不齐，个人观念和监督形式不同，观察角度千差万别，往往导致反馈信息不完全、不准确，会对班级产生极大的负面影响，并影响班主任判断和决策的科学合理性。

在肖娜这件事情上，我做的不妥当的一点是：我不该根据自己了解到的一些情况，在没有做认真的调查、分析的基础上，就马上去批评她。如此一来，我不但没有帮助肖娜健康成长，没有解决她的问题，还让她对班干部充满了仇恨，同时让向我反映情况的同学"里外不是人"。这真的是我巨大的失误。我应该做的是：谢谢这位向我反映情况的同学，并征求她的意见，问一问她，是否能在班会上公开讨论。这样做会让这位同学感觉老师很尊重她，即使她不同意在班会上公开讨论，她说出的话也必然能更严谨一些。

回想一下我们在单位里的事情，如果校长身边有几个"小人"在不停地"反映"情况（君子是不屑于做"眼线"的），那么这个单位必然四分五裂。那些埋头做事的人反而会被恶语中伤，而"眼线"们自己的心理健康也会成问题。

所以，遇到班干部因为当"眼线"而辞职，班主任应该马上调整自己的工作思路，向班干部真诚道歉，并努力改正。相信这些孩子会继续努力的。

齐老师，关于班干部辞职，我就说这么多，希望您能针对自己的班级情况认真分析一下，您的班干部辞职究竟属于哪种原因，这样才好对症下药。

祝您工作顺利，每天都开心！

您的朋友　李迪

班里发生了失窃案，怎么办？

李老师：

我觉得当班主任真是不容易，不但要像妈妈一样有爱心，像演讲家一样会讲道理，还要像灭火器一样能处理学生矛盾。现在，班里发生了失窃案，我又要去"破案"。对于此类问题，您有什么好的意见和建议吗？

谢谢您！

韦老师

韦老师：

您好！

多年担任班主任工作的我，遇到过很多班级失窃案，对此有些许心得，希望能对您有所帮助。

一、班级失窃的类型

1. 心理型

这种学生偷拿人家的财物是由于某种心理问题。而心理问题还可以分为以下三类。

（1）报复型。

比如，2008年，我有一个学生芊芊，是城中村的孩子，家里开了几个歌舞厅，经济条件比较好，常常明里暗里宣扬自己的拜金主义，明确地说自己看不起农村人。但我们班的学生几乎都来自农村，对她这一做法十分看不惯。芊芊在班里几乎没有朋友，这是她行窃的第一个原因——人际关系紧张。另外，她比较信任我，特别希望在我这里留下好印象。但她身上毛病太多，迟到、旷课、上课睡觉、撒谎等等，而我们的班长很公正，眼睛里揉不进沙子，每每向我报告她的"罪行"，这便得罪了她。她由一开始故意翻乱班长的桌斗，发展到后来把班长的学习机偷走了。

这就是典型的报复型偷盗。这类学生偷拿钱物有个特点——对人不对物。他们的目的并不是要占有这些钱物，而是想伤害这些钱物的持有者。我拿了你的钱包，把它扔掉；我偷了你的手机，把它毁掉。我不想要这些东西，我想要的是——让你难受。老师可以凭经验和推测判断这类事情。如果怀疑是这种情况，要仔细询问受害者平时都和谁发生过矛盾，和谁有宿怨，可能被谁嫉妒，然后顺藤摸瓜，找到偷盗者。注意，这种案子，把偷窃者抓住，使他承认了错误，赔偿了损失，并不算完，要切实解决他的心理问题，才能使他不再偷盗。是人际关系问题，就解决人际关系的问题；是心胸狭窄问题，就解决心态问题；是正常反应但方法不当（比如受了侮辱，就偷他的东西来报复），就解决方法不当的问题。芊芊的问题是她没有良好的行为习惯，不会团结同学，我们应该从这方面帮助她。这类偷盗（多数是偷物不是偷钱）问题，基本上不是品德问题，而是心理问题或者认识问题。这种学生显然不是惯偷，事情是偶然发生的，而且有明确的对象。所以教师要避免和他们谈是非以及道德说教，要告诉他们怎样想事、怎样行事，才能避免矛盾、化解矛盾。如果教师不寻根溯源，只抓住他们"偷东西"这个现象大加道德鞭挞，那等于只吃退烧药，不追病根，效果往往不好。

（2）别有用心。

有的学生会用栽赃的方式陷害别人，明明是自己拿了钱，或者根本就没有丢钱，却制造假象让老师、同学怀疑某人，以达到自己的目的。这种情况我也遇到过。

我们职业学校的学生，一般前两年在学校上课，第三年进入顶岗实习期，而打算考学的学生，不分专业全部组成新班，基础课统一上，专业课还是由原先的老师分开上。这个故事就发生在对口升学班。

小颖和紫云是我以前班里的学生，那一天我去上声乐课，她们说各丢了

100元钱，强烈要求我利用上课时间破案，并一口咬定是我们原先班级的晨辉偷的，因为只有晨辉曾在宿舍单独待了五分钟。

但是，我调查下来却发现，她们根本就没有丢钱。那么，是什么原因让她们虚假报案？我又是怎么分析出来事实真相的呢？

排除了晨辉报复、盗窃癖、手头实在缺钱等动机，同时了解到声称丢了钱的紫云近期的花销，与身上现有的钱有矛盾（如果真的丢了钱，她不可能有任何剩余，甚至还应该借钱。而事实是，她自己说目前还有好几十元）。我便怀疑她可能根本就没丢钱。

但是，偷钱需要动机，没有丢钱却虚假报案也应该有动机。小颖和紫云的动机何在？

再一思索，我意识到了问题的根源：上学期小颖、紫云、昭琳是铁了心要考学，但小君、晨辉等四人却打算实习。谁知过了一个暑假，晨辉这四个人又回来声称要考学。其实，她们四个的文化课成绩根本就不好，估计考也考不上，但是她们说要考，学校也没办法。现在她们依然不用功，明显一副自己也知道考不上的模样。那么，这四个人为什么要来上学呢？很可能是她们就想来跟我学唱歌，因为她们的专业还不错，特别是晨辉，近期进步很快。不过，这就苦了紫云她们三个真心考学的同学。声乐课学习和语文、数学不一样，语文、数学是上大课，几十个人在一起，多个人少个人都没什么；声乐课因为每个人的歌唱毛病不一样，是一个一个单独辅导。同样是四节课，本来只给紫云她们三个人上，时间很宽裕，辅导效果也好。现在又来了四个，也就是七个人去分配四节课，总感觉时间不够用，昭琳她们已经多次向我表示过不满了。从我内心来说，只辅导紫云她们三个人也很轻松，但我没有权利不让小君、晨辉她们来上我的课。所以，紫云她们谎称丢钱，极有可能是想把晨辉她们赶走。

女人的魔鬼琴弦一拨动起来，是多么可怕！

小颖和紫云都是我心目中品学兼优的学生，一旦起了歪心，和时下宫廷剧里那些善用心计的女人何其相似！甚至，她们的做法本身就是借鉴了电视剧的剧情吧！老师若不明察秋毫，晨辉又该多么委屈！

这次破案，我在调查进入死胡同后，从分析作案动机找到了突破口。最后我告诉三个想考学的同学：不要总认为是别人防碍了自己，应该常常清除自己的心虫。

（3）盗窃癖。

还有一种盗窃现象很特殊，但也时有发生。偷盗的学生平时表现不错，甚至是优秀生。班里屡屡发生丢东西的现象，即使最有想象力的人也不会怀疑到是某个学生，但事实上就是他，而且长期偷东西。最奇怪的是，他偷的这些东西对他没有什么用，偷袜子，只偷左脚的，不偷右脚的，或者只偷穿过的，不偷新的。偷来后就放到自己的柜子里，也不穿。他行窃的对象和他无冤无仇，有的还是他的好朋友。我们学校就有过这样的学生，方便面、电话卡、卫生纸，什么都偷，问他为什么这样，他会说："我也不知道。"让人感觉他真是狡猾到了极点，又不可思议到了极点。有的学生偷了人家的钱物后，会买一堆零食请被偷的人吃，以减轻自己的内疚感。这种情况不一定是学生品德有问题，很可能是一种心理疾病。他什么道理都懂，也不是坏孩子，只是控制不住自己，身不由己就会去偷，每次偷，都会感到一种莫名其妙的满足，偷完以后就开始后悔。这种孩子可能在童年时期受到过心理伤害，或者长期受压抑，心理能量不能得到释放，或者有病态的收藏欲和占有欲。遇到这种情况，教师应该建议学生去看心理医生。同时跟同学们说清楚，这孩子不是坏人，只是有心理问题，就可以了。

2. 不良习惯型失窃

不良习惯型班级失窃，也可以分两类，一种是乱丢乱放，另一种是弄假成真。

（1）乱丢乱放。

这种学生的特点是：别人的东西乱抓，自己的东西丢了也不知道。常常会有人到老师那里报案，说是有人偷了他的东西，甚至还煞有介事地指明嫌疑人，但很快东西就找到了，原来是他自己乱丢乱放造成的。有时候一个学生声称自己丢东西了，而且发现自己的东西好像在某同学手里，等到老师一本正经地盘查那位同学的时候，那位同学却大大方方地说："是我拿的呀，我使使怎么了？"老师又问："你用人家的东西，给人家打招呼了吗？"他竟说："那多麻烦啊！"让人哭笑不得。美术课、手工课上，这类现象格外多：剪刀、橡皮、彩纸常常不翼而飞，而姑娘家用的镜子、梳子，经常是用的时候找不到，不用的时候又回来。比如去年冬天，我到二班去上课，当时铃声还没响，有个学生说她的手机在桌子上放着不见了，而她当时就一直在座位上写作业。她一怒之下，作势要大骂谁偷了她的手机。我马上制止，说："肯定是有人拿着玩的，你别着急嘛！"等学生到齐后，我一询问，手机就物归原主了。可以想象，我若在接到报案后，马上开始谴责、批判，借手机的人说不定就不敢承认了，到那时，假偷就成了真偷。

这类事情，其实说不上"偷"，但会给班主任带来很多麻烦，弄得老师不耐烦了，就懒得管了。然而一放松，那些真偷东西的学生可就浑水摸鱼了。所以，班主任如果发现班里丢东西较多，不要发现一件查一件地打"遭遇战"，而要将假偷现象大幅度减少，这样才能让真偷无法藏身。

但是，怎样减少假偷现象呢？有时候，我们可以设置情景教育。

下面的案例就是关于假偷的情景教育。有趣的是，这个情景不是我设置的，是学生自己设置的。我们可以从中得到启发，且看我的班级日记《我班有女初长成》中的一篇。

紫砂泥

我又一次感觉到了生活导演的神妙。

昨天下午班会课上还向学生强调：不打招呼就拿别人的学习用具是盗窃行为。晚上就有事情发生了，真的很像在配合我的教育。

美术课上要做手工，昨天，思彤、柳怡和许晴一起去买了用具，包括24块紫砂泥（有的是两个学生合买一块，也有的学生没买，打算借用）。晚自习时，紫砂泥发下去后，柳怡把自己的放桌子上，到讲台上算账，不料转身回来紫砂泥不翼而飞，怎么也找不到。据说，当时没有人出教室门，于是大家便开始搜，从身上到桌斗，再到垃圾筐，翻了好几遍，那2.5元一块的紫砂泥依然没有找到。

她们竟在晚自习搜查紫砂泥？我感慨万千，不禁想到了《红楼梦》里丢失东西后的搜身，意料到这很不妥当。但直觉告诉我，这件事情不是巧合，说不定是有人"搞鬼"。现在班风积极向上，没有惯偷，我不相信班级里有故意和老师的正当言论作对的同学。倘若是有人在导演此事，为的又是什么？难道，也和当初"新月"班的昭琳一样，为了给乱拿东西的同学一个教训？若真如此，我倒不便深入追究。

今天一早，蓝菲很难过地对我说："当班长第一天，竟然就发生了盗窃的事情。"（当时我们轮流当班长。）

我安慰她："先不要这么早下结论。咱们班同学本来就有不打招呼拿别人东西的习惯。"转而对学生说："大家不是想锻炼自己的语言表达能力吗？现在正好就此事讨论一下。"

小娜首先站起来说："是谁拿了紫砂泥，还是趁人不注意的时候，快想办法放回到柳怡的书桌里吧！"

有的却发愁："都快把教室翻个底朝天了，还是没有找到，会在谁手里呢？那么大的一块紫砂泥，要藏也没地方藏啊！"

多数同学却嘀咕："怎么会这样偷人家东西呢？才多少钱一块啊！"

少萱站起来说："我感觉，可能是有的同学有不打招呼拿别人东西的习惯。昨天这位同学本不是想占有这块紫砂泥，她只是拿了看着玩，却不料被大家问起来，上升到了偷盗的地步，甚至开始搜查，她便不敢拿出来了！"

我惊异地看着少萱，转问别的同学："你们感觉少萱说的有道理吗？"

学生答："有！可能确实如此！"

我也连连点头，感慨万千地说："我们少萱真的长大了！学会了从不同的角度分析问题，并且在表达自己的见解时简洁明了，大家该向她学习才好!"心里却想：如果是有人导演了这场丢失紫砂泥的故事，也一定是好意，想让大家改正乱拿别人东西的坏毛病；如果不是有人导演，而是真正丢失，少萱的解释应当是合理的。无论如何，我都希望同学们从这件事情里吸取教训，便问："大家想想，经过了这样的搜查，无论拿紫砂泥的同学是有心还是无意，她现在好受吗？"

同学们摇头："不好受！"

"那块紫砂泥她敢用吗？"

他们继续摇头："绝对不敢再用！"

我说："这就是乱拿别人东西的结果。如果别人不追究也就罢了；真的追究起来，人家说你偷盗，你可是一点辩解的理由都找不到。"因为早读课马上要结束了，我便匆匆说："下午第三节自习课，我们继续讨论这个问题。"

然而，下午第三节自习课讨论时，学生却说："老师，估计拿紫砂泥的同学确实不是有意要偷盗。现在她已经受到了惩罚，这件事就不要再提了，免得同学们互相猜疑，闹得不痛快。"

我暗自点头，一来感叹大家确实长大了，二来感觉有人在导演此事的可能性更大了。但经过这一情景设置，班里乱拿别人东西的现象真的少多了。所以，若是哪个老师班级有这样的情况，不妨也如此导演一番。这是情景教育，也是自我教育的一种方式。

（2）弄假成真。

有时候，班级丢失钱物，并不是有人盗窃，而是失主自己弄丢的，被有的同学捡到，但还没有来得及上交，被大家一吵吵，不敢吱声了。

遇到这样的情况怎么办？教师一定要当着学生的面分析案情。

有一天，上午三、四节是我的课，放学后就听说，冰的50元钱一直在牛仔裤前面的裤兜里放着，今天上午换了舞蹈裤，钱还在牛仔裤里，但中午时却不翼而飞。冰说她的钱被叠成了一个窄条，很难掉出来，可能被人偷走了。她因此非常生气，闹得寝室里人心惶惶。

我帮助冰分析："钱不见了，有几种可能（又是分类，很有效果的）：第一，钱很难自己掉出来，不等于钱掉不出来，也许就是掉出来了，可能是掉在了寝室外，要找回来很难；也可能是在换裤子的时候丢在了寝室里，如果是这样，找一找说不定能找到。第二，可能有人把钱'拿'走了。那么，当裤子穿在你身上的时候，因为钱在裤子前面的兜里，要拿出来很不容易，那就只有一种可能是在你换了舞蹈裤后拿走的。想一想，你换了舞蹈裤后，有谁在寝室单独待过？"

她回答说："没有人单独在寝室待过。"

我说："那就快点找一找，钱说不定在寝室的哪个旮旯里。"

然而，钱哪里是那么容易找到的，找了半天还是没找到，冰又急了，说话很难听。我说："如果是寝室人从你裤兜里拿的，相信她也是因为一念之差，你先不要急着骂人。希望她能快点放到你的枕头下，或被子下。还有一种可能，就是钱掉到地上后，有同学把它捡了起来，却没有还给你。如果是这样，她能把钱还回来，我们应该感激，应该向她学习；如果她不还，也只能说明她觉悟有些低，我们可以谴责她，但不能说她道德败坏。无论是哪一种情况，你骂人或者说难听的话都于事无补，不如不骂。"

冰沉默不语。无论如何，丢了钱总是很郁闷，我只能安慰她，同时再次强调："首先，老师相信我们寝室里没有小偷。其次，如果是谁把钱捡到了，没有及时还回来，那也是由于一念之差，在'好我'和'坏我'的斗争中，'好我'暂时处于下风。现在老师和同学们都加入这场战争，为'好我'呐喊加油，希望'好我'早日战胜'坏我'，早一点把钱还给你。现在大家都饿得差不多了，这件事也急不得，先去解决温饱问题。"

我带头走出了寝室。

吃饭回来，赵微就向我报喜："老师，冰的钱找到了，在卫生间的门下边。"

我又惊又喜："是怎么找到的？"

"少萱从厕所出来，感觉门很不好开，仔细一看，门下边挤着 50 元钱，因为被叠成了小窄条，很难被发现。那钱就是冰的。"

我连声说好，赵微却说："可是冰还是不高兴，非要说钱绝对不是一直躺在那儿的，分明是有人偷了她的钱，或者捡到后本来想占为己有，听了您的话，才故意把钱放到那儿的。"

我急道："她这又是何必呢？还是那句话，得饶人处且饶人嘛！就算是有人偷了她的钱，现在人家已经放回去了，我们何必得理不饶人呢？要知道这一拿一放，需要多少思想斗争啊！这位同学的'好我'终于战胜了，我们应该张开双臂拥抱她，何必要死缠烂打、挖地三尺地纠缠不清呢？相信她以后再也不会动那第三只手了。何况，要是谁捡了钱，开始没想着要还，现在还了，我们也应该感激啊！她这是干吗！要知道人一生中会走很多弯路，能给人一条生路的时候，千万别把路给堵死啊！"

赵微看我如此激动，笑道："老师，您这番话应该去给冰说。"

我不禁也笑了："当然！我会去给她说的。"

从这个案例可以看出来，很多时候班级发生失窃案，也许根本不是有人想故意偷盗，可能就是有人捡到了钱或物，或者想占为己有，或者来不及上交，大家吵嚷起来，他更加不敢承认。这时候老师来分析一下，引导一下，阻止谩骂，给捡到钱的人一个还钱的机会，自然就大事化小，小事化了了。

3. 班级特殊氛围造成的失窃

这是非常可怕的。学生本没有盗窃的习惯，但有一部分学生没钱花了，于是个别学生伸出了第三只手，老师由于种种原因没有追究，便有更多的人也加入了盗窃的行列，甚至受害者在被偷后，也铤而走险。

在这一点上，我有过惨痛的教训，案情也非常复杂。

那是 1999 年的春天，我第一次担任班主任，班级就接二连三发生失窃案。据我分析，是因为学生花钱没有计划，当个别人开始饿肚子的时候，不得已伸出了第三只手。我当时没有经验，也没有信心破案，只是强调同学们把自己的钱物保管好。结果没过多长时间，班长说班费丢失。我开始运用"良心发现法"，在摆事实、讲道理演讲一番后，让每个同学都单独回寝室一趟，希望钱能放回去。结果令人失望。于是，我和学生一起开主题班会，讲拿别人的东西如何如何不道德，讲受害人如何如何悲惨，讲"罪犯"的思想斗争、恐惧、内疚、悔恨，讲学生犯错误会给家长带来多大麻烦。班级里群情激昂，我以为班会很成功，谁知道第二天，也就是4月6日中午，卢阳就发现自己丢了200元钱。当时班里人心惶惶，同学们强烈要求我破案，我只好放下手头上的所有事情，展开调查，当天就与卢阳寝室的同学进行了单独谈话，并记了笔记。按照同学们的猜测，嫌疑人是小燕和亚楠。因为小燕曾经偷过别人的钱，有前科；亚楠在舞蹈课上曾经单独回过寝室，有作案时间。

但是，谈话结束后，我心中已经有数，觉得行窃者很可能是赵丽。

我开始和赵丽私下里交谈，将调查的情况讲给赵丽听，希望她能为自己解释一下。但是，她只是哭泣，无言以对。我转而希望家长来校协助调查，同时配合我的教育，但赵丽的父母说："我们一去岂不表明就是赵丽偷了钱？"因此拒绝来校。赵丽上大学的姐姐还打电话问我："如果不是赵丽偷了钱，谁来为她损失的名誉负责？这是要承担法律责任的。"我有点生气地说："调查情况目前只有我和赵丽知道。我每次和赵丽谈心都找了很多幌子做掩饰，我没有说是赵丽偷了钱，只是说调查出来的情况对她很不利。我也怕冤枉了她，所以才请家长来参与调查，但你们现在拒绝前来。我调查了这么长时间，总得对全班同学有个交代，只好先把调查报告写出来。我不会妄下结论，所以没有人需要为你妹妹的名誉负责。但全班57名同学，人人心里都有一杆秤，大家看了调查报告，都会判断出谁的嫌疑最大。"——我这是赤裸裸的威胁了。

4月10日，我将写好的调查报告和班主任意见拿给赵丽看，并说4月12号之前如果将100元钱（因考虑到偷卢阳的200元钱她可能已花了不少）放回原处或交给我，其他事一概不追究。否则调查报告一式两份，一份交给学校，一份在班里公布。

4月11日，我们班的韩楠（赵丽的亲戚）接到赵丽母亲的电话，让她借给赵丽100元钱。

4月11日晚自习前，卢阳发现自己的眼镜盒里放了200元钱。

以上是整个破案的经过，读者朋友若有兴趣，可以私下里找我要当时的调查报告，在此不做赘述。

其实，我的调查报告根本就不是给学校和广大学生看的，只是为攻破赵丽的心理防线而写。报告中没有写结论，但为了进一步有效地攻破她的心理防线，我还是将分析出来的作案经过讲给赵丽听。

作案经过是：4月3日，赵丽借李娜的20元钱已快花完，决定4月4日去借亲戚的钱。4月4日早上，她看到卢阳开箱拿钱，因为班里多起偷钱事件我都没有调查，所以当寝室里只剩下她一个人的时候就偷了卢阳的钱。粗心的卢阳竟一直没有发现。4月5日开的主题班会对赵丽触动很大，心中有愧的她晚上连做操都不能静下心来，跑回教室几欲哭泣。4月6日，她终于沉不住气，趁上舞蹈课同学们回寝室换鞋之机，将卢阳的床铺稍微动乱。注意：将钱从箱子里拿出来需要三四分钟，将床铺弄乱却只需两三秒，且很难被人发现。这样就让同学们误认为作案时间是在4月6日上午。这也是同学们一直没有怀疑她的原因之一。

赵丽对我的分析依然无言以对。

偷钱的人承受不住我施加给她的种种压力，钱终于还给了卢阳，同学们却不知道偷钱的人是谁。可以说既破了案又教育、保护了偷钱的人，这应该是一个圆满的结局。然而当时同学们对我不肯说出偷盗者是谁颇有微词，赵丽在很长一段时间内对我更是耿耿于怀。我当时不免有一种出力不讨好的感觉。

不过经历了这件事情，班里再也没有发生过偷盗现象。

可以说，在赵丽偷钱这一案件里，我担负着不可推卸的责任。赵丽并不是有盗窃习惯的人，人品也不坏，若是我在班级第一次发生失窃案后，及时调查，她是不会伸出第三只手的。所以，班级因特殊氛围掀起的失窃案件，多是老师的责任。

4.品德型盗窃

这类学生价值观不正确，以占别人的便宜为乐，以不劳而获为本领。这种学生偷人钱物的一般特点是：有前科，屡教难改；羞耻感较少或很少；作案手段比较高明，有一些反侦察能力，不拿出证据死不承认。我也遇到过这样的学生。

有一年春天，我们班新转来一个女生——琴儿。从此，她们寝室里开始丢东西，电话卡、饭卡、面包、饼干，总是不翼而飞，因为丢的东西不太贵重，学生也就没有对我说。终于有一天，有名同学丢了50元钱，我得知后着手调查，疑点很快就集中在琴儿身上。但调查容易，让她承认可就难了。我们又没有当场捉住她，她要死不承认怎么办？逼急了，她如果寻死觅活怎么办？她不是一个单纯的女孩，不会轻易认输的。

于是，一场较量开始了。

还是以前的做法，我首先对学生强调必须为我们的单独谈话保密。那天下午，和琴儿谈过一次话后，我就不停地找别的学生谈话，有的已经谈了三四次了，外班有琴儿的好朋友，我也找她们谈，唯独不再找琴儿谈。琴儿看着身边的人走马灯似的被叫去，不知道我调查的进程，也不知道我都掌握了哪些证据，如热锅上的蚂蚁一般，万分焦急。也许，这种心灵的煎熬不该由一个花季少女去承受，然而，不让她心虚，她怎会承认？等到她实在坐卧不安时，我明白此时的她方寸已乱，才把她叫了过去。那时，和别的同学的谈话记录已写了四页，并且，我对她近期的行动、花销也了如指掌。简短的开场白后，我的目光里三分爱怜、七分严厉，问题如连珠炮似的提出来，不容她有思索的余地，例如：几点到几点你干了些什么？有谁可以作证？昨天你买了什么东西？花了多少钱？又买了什么？花了多少钱？你原先只有10元钱，现在却花了16元，这是怎么回事？等等。一旦她的回答和我掌握的材料有出入，我马上毫不客气地给予反驳。被我反驳了几次后，她的汗水就开始向下流。想一想，一个女孩，本来就心虚，哪里禁得住我这有备而来的质问？我的问题提得快，而且常常换一个说法重复提问，没一会儿，琴儿自己的回话就前后矛盾，在我毫不留情的反驳下，她不由地抽泣起来，我硬着心肠继续提问，她终于认识到，说谎话太累了，不如承认自己的偷盗行为轻松。于是，第一个回合，以我的胜利告终。

在这一回合中，我首先和同学们谈话，给琴儿施加心理压力。当琴儿方寸已乱后，我的提问其实没有什么杀伤力，最具杀伤力的是我对她谎言的反驳。她要遮掩自己的偷盗行为，就必须撒谎，而我不管她撒什么谎，都会迎头痛击，她终于受不了了，承认了。

既然琴儿已认识到自己的错误，并有改正的意愿，我便开始和风细雨地抚慰她，甚至表示愿意给她 50 元钱，让她还给失主。因为她偷盗的钱已经花了一部分，我不能逼着她再去偷钱还失主。然而她拒绝了我的帮助，表示自己犯的错误自己会想办法弥补。

我以为这一切都结束了。万万没料到，事情会再生枝节。当琴儿答应三天内将钱如数还给失主时，我也曾为她的单纯感动，以为自己对她的教育很成功，还给她写了一封信，告诉她老师非常爱她，依然把她当好孩子看待等等。她也给我回了信，说我是她遇到的最好的老师，并把自己的身世——她不是父母的亲生女儿，告诉了我。万万没有想到三天后，她说她将钱放到了失主的语文书里，失主却怎么找也没找到。我不得不展开第二次调查。失主没有找到钱，只有两种可能：琴儿根本就没有把钱放回去；琴儿将钱放回去后，又被人偷去了。但以我对全班同学的了解，第二种可能几乎可以推翻，特别是在我刚刚成功地破了一起盗窃案以后，任谁也不可能在这个时候往枪口上撞。所以，这一次调查很顺利，结果不出我所料。于是，我把琴儿再次叫到了办公室。

我以最快的语速告诉她第二次的调查经过和结果，我甚至怀疑她是否听明白了我的话。但我想，她是被我的气势吓住了，三天前连珠炮似的提问还历历在目，这一次重犯错误，她从内心深处害怕我。我用犀利而真诚的眼神看着她，似乎能看透她的心，所以五分钟后她就开始流汗、流泪，表示愿意将钱真正还回去。

经历了一波三折的破案，我意识到要真正帮助琴儿改正错误，必须了解她的成长经历。她和前面的赵丽情况不同，她竟然能在我面前承认自己偷钱，却又在承认后不把钱还回去，这说明她并不认为盗窃有什么大不了，我若不继续帮助她，她说不定还会偷钱。

我和琴儿的家长联系上后，才知道她的成长经历。她是抱养的孩子，从小娇生惯养，在原先的学校因为偷盗而被开除（可见开除不是帮助学生改正错误的好方法），才转到了我们班。得知她在新的环境里依然不思悔改后，她的养父伤心欲绝，私下里打了她一巴掌。从此，琴儿竟对养父怀恨在心，对家里打来的电话要么不接，要么一接就恶声恶气。于是，我给她写了一封长信——《你不能利用父母的爱伤害父母》，情深意切地谈到她的身世和父母对她的养育之恩。琴儿看了信后，在座位上哭了一上午，我没有劝她，也不让同学们劝她。不过从此以后，班里再也没发生过偷盗现象，琴儿的成绩也有了明显提高。"五一"长假后，她的姑姑专程来校告诉我，琴儿在家里尊老爱幼，非常勤快。所以，我认为最有效的惩罚，是让她用心去认识自己的错误。

可以说，琴儿的盗窃是品德问题，教育这种学生比较困难。要注意，虽然他们的问题确实是品德问题，但是解决问题的时候不能从品德入手。因为经验告诉我们，那样做不起作用。对付这种学生，应该从破案入手。偷东西的学生并不怕你给他扣帽子，不怕你大发脾气，甚至也不怕你请家长，他真正怕的只有一件事情——教师掌握实情和证据。所以，针对这种学生，最好的方法就是让他们每次都被抓住，每次都不能得逞，每次都占不了便宜。次次失败，他才有希望接受教训，有所收敛。在这个基础上，才谈得上提高他们的道德水平。

二、破解之道

我当班主任以来，遇到的班级失窃案就这么多，如今认真思索，感悟到我之所以能成功破案，不外乎抓住了以下几点：

1. 不要让自己的思路被学生的舆论误导

班里一旦发生盗窃案，学生必然互相猜忌。行窃者固然要隐藏自己，无辜者也急于证明自己的清白。如此便常有三五个朋友在私下里讨论、猜测，从而为老师破案设置下种种障碍。这时老师首先要做的，就是保持清醒，不要让自己的思路跟着班级舆论走。

2. 不要让学生摸清自己的想法和调查进程

班级盗窃案件发生后，无论老师心里多么没底，也要做出胸有成竹的模样。老师调查时应与广大学生单独谈话，这样便于学生知无不言，言无不详。但不要让学生摸透我们的心思，不要让学生猜到我们怀疑的是谁，免得他们在课下乱说。行窃的学生一旦知道自己已经被多数学生怀疑，来一个死不认罪，甚至寻死觅活，老师便束手无策，陷入被动了。

3. 不要让调查中的困难左右自己的情绪

老师在初步确定盗窃者后，教育过程才实施了三分之一。要让盗窃的学生承认错误、归还钱物、接受教训，是一项极其艰巨的任务。他们往往会想尽一切办法为自己开脱。而作为班主任，即使掌握了如山铁证，只要学生自己不承认，便算不上调查和教育成功。这时候，老师万不可心急、气恼，因为师生双方情绪激动，对解决问题没有丝毫帮助。所以，调查后期，老师与嫌疑人谈话时，要沉住气，多提问、多观察、少下结论。嫌疑人的情绪、语言都可能成为证据，调查暂时没有进展也不要暴跳如雷，免得嫌疑人封闭自己。

4. 不要让行窃者的泪水蒙住我们的双眼

班级发生盗窃案件，倘若行窃的是男生，泪水也许会少一些；倘若行窃的是女孩子，那滂沱的泪雨或许是委屈、悔恨、痛苦、无助，总之能把男教师的心哭化，把女教师的脸打湿。这时，教师要担负起破案和教育帮助的职责，万不可让学生的泪水蒙住自己的双眼。

5. 不要忽视了盗窃动机和时间

盗窃案在班级里发生后，调查的重点是作案时间和作案动机（有盗窃癖的人除外）。如果能证明嫌疑人花费的钱超出了他应拥有的钱，就掌握了最重要的证据。如果嫌疑人没有盗窃时间和动机，我们所掌握的其他证据都不足信。

比如前文提到的两次虚假报案，我都是通过分析作案动机，让思路清晰起来的。紫砂泥一事中，是班干部们自己设置的情景教育，动机只是要给乱拿东西的学生一个教训，将"乱拿"上升到"盗窃"。老师若忽视了分析盗窃动机，调查下去，说不定会弄巧成拙，辜负了班干部们的一番好意。

6. 不要轻易将调查的任务交给学校或执法部门

侦破班级盗窃案棘手之处在于：除非有目击证人，否则偷窃者不承认，谁也没办法。与学校或执法部门相比，班主任是学生最信赖的人，如果班主任的教育对嫌疑人无效，别人的教育效果也不会太好。所以，不要轻易将调查的任务交给学校或执法部门。

7. 假戏做得越逼真越有效

赵丽偷盗案中，我曾写下5000多字的调查报告让赵丽看，声言如果她不在指定日期内把钱放回指定地点，我就将调查报告在班里公布。在这种情况下，她才将钱放到了指定地点。所以，这样的调查表面看起来波澜不惊，其实暗涛汹涌。总之，我们要把盗窃者不肯认错，执迷不悟，向假、恶、丑发展的道路全部堵死，让他们回头的道路，改过自新的道路，向真、善、美发展的道路全部畅通。

8. 一定要注意保护自己

当我把自己对云儿（另一个失窃案例，此文没有叙述）盗窃破案的日记发到网上，曾有网友在我的博客里说："初荷（我的网名）在班里破案，看得我出了一身冷汗。我出汗的原因并不是她破案的方式不对，而是她那么勇敢，丝毫没有考虑到自己会有什么麻烦。在不少学校，我都看到过这样的案例：一些不明事理、喜欢袒护自己子女的家长，一旦老师告诉他们自己的子女有偷窃的不良行为时，他们首先想到的不是帮助孩子改正错误，而是如何保护面子，如何推责……"其实，我在破案时一直都非常注重保护孩子，让家长感觉我不仅仅是在处理班级事务，还是在帮助孩子。这样目标一致，就避免了家长和老师产生矛盾。保护孩子，从另一个角度看，就是保护自己。

9. 孩子一时犯错，切忌一棍子打死

很多伟人、文学家在小时候也有偷盗的经历，但他们并没有走向犯罪的不归路，因为良知唤醒了他们。我相信良知的力量可以使一个人远离罪恶。学生犯错多是一念之差，留一个改过的机会给孩子，实际上就是给社会留一份安宁，给家庭留一份稳定，为将来留一份希望和光明。

10. 破案需要一定的天分

教师破案比警察难度更大，因为教师不是警察，学生是未成年人；警察以破案为目的，而教师以育人为目的。我在此特别提示：教师朋友们轻易不要去破案，免得引祸上身。同时，教师要想成功破案，平时的师生关系要和谐，和学生交流时的音容笑貌、举手投足也很重要。一个举动，有可能就让学生承认了；但又一个眼神，可能就让学生封闭自我了。

您的朋友　李迪

家长不配合老师的工作，怎么办？

李老师：

　　您好！

　　一天，体育老师告诉我，我班上一个孩子上体育课时躲在教室里玩。我找到这个孩子，问明情况后，罚他绕操场跑了两圈，大概600米。这一"罚"却"罚"出了麻烦，孩子回家后对家长说，我体罚他。家长便写信给校长，说我要他的孩子顶着烈日，在操场上跑圈，要求学校妥善处理，如果处理不好，他就向教育局反映……

　　学校接到家长的投诉信后，找我谈话，要求我向家长解释清楚，让家长满意，千万不能把"体罚事件"反映到市教育局，闹得满城风雨，影响学校在家长心目中和社会上的形象……

　　我晕了，罚这个孩子跑两圈并不过分，谈不上体罚或变相体罚。因为上体育课时，每个学生都绕操场跑了三圈。

　　我对这个家长很了解，他特别相信自己的孩子，我现在是"秀才遇到兵——有理说不清"，找他理论，会闹得沸沸扬扬，得不偿失。

　　为了息事宁人，我打算打落牙齿往肚子里咽。但一味迁就家长，没错认错，会"宠"坏家长，反而不利于家长对孩子进行教育。您在工作中是否也遇到过不配合的家长？对此，您有什么好的办法吗？

邵老师

邵老师：

　　您好！

　　我非常理解您的心情，也很同情您的遭遇。一个孩子的健康成长离不开学校与家庭、老师与家长的密切配合。然而，由于一些家长在教育孩子的理念上与学校对学生的要求不尽相同，就难免在处理学生、培养学生的行为习惯等问题上产生分歧和偏差，出现不配合的现象。这让很多老师百思不得其解：家长和老师在教育孩子方面，本应该是同盟军，是合作者，但事实上很多家长却不肯配合老师，为什么呢？

认真思索不难发现，老师和家长在孩子成长的长期目标（希望孩子健康快乐成长）上一致，短期目标却有很大区别。比如，班主任在处理学生问题的时候，想的往往是"解决问题"；而家长面对孩子错误的时候，想到的首先是"保护自尊"。很多时候，家长感觉老师指出孩子的不足之处，似乎有损自己和孩子的尊严。家长误认为老师在指出孩子的错误时，否定的不是孩子的某一行为，而是孩子本人，甚至是自己的家庭教育，这就让家长从内心深处感到不乐意。

明白了家长为什么不乐意配合，我们才好实施相应的对策。

一、用事实说服家长

因为孩子上体育课不跑步而惩罚他跑两圈，按说真不算体罚，但是这个家长一口咬定是体罚，学校领导又想息事宁人。这时，最好的做法是用事实说话。

我曾经教过一个学生，她在上舞蹈课的时候，大腿内侧肌肉不小心被拉伤，家长也是不依不饶，说老师没有保护好孩子。于是，我就和舞蹈老师商量，邀请家长们来观摩舞蹈课。家长看到老师一个个悉心地辅导学生，又蹦又跳又讲解，没一刻休息。孩子们开跨的时候，的确很疼，但疼过后就会有进步，家长纷纷表示当老师真不容易。这个家长临走的时候，我去送她，并说："如果老师有什么事情没有做好，请您及时指出，我们会努力让您满意。"这个家长连连说："没什么意见，你们老师做得很好。"

我和她都心知肚明，但都没有捅破这张纸。分别时，我主动伸出手，我们握手言和了。

所以，对不讲理的家长，解释说明费尽口舌，还可能越说越说不清楚。我们可以不跟她讲理，请她来看看我们是怎么教学的，用事实说话，用事实说服她。

二、耐心倾听，先疏后导

那天，我一进办公室，就发现二班小倩的家长坐在一个老师的办公桌前，一边喝水，一边发脾气，只要哪一个老师说她的孩子不好，她就会和这个老师大吵一场。我坐在旁边，听了一会，又找班主任了解了一下，知道了事情的大概原委。

原来小倩上体育课打球时被凌敏撞了，两个人发生了冲突。事后小倩找外面的一个朋友教训了凌敏，凌敏不服气，也找了几个同学来警告小倩，结果小倩害怕，就告诉了家长，说自己被人欺负了。家长很生气，就找到班主任，要求处理凌敏，并且批评班主任工作做得不好，让她的孩子受到威胁。班主任把有关情况做了解释，对小倩也提出了一些批评。岂料这个家长一听老师说她的孩子不好，就与班主任大吵起来。别的老师忍不住过来劝她，但只要哪一个老师说她的孩子不好，或者让她注意态度，她就和哪一个老师吵。

我请家长到我的办公室去，为她倒了一杯水，让她慢慢说。在她说的过程中，我除了偶尔询问，只是倾听，不做任何的评价，更不做反驳。原来，这个家长在年轻的时候就出去打拼，和丈夫创下了不小的产业，但后来因为丈夫感情出轨，两人离婚，她带着孩子回到老家，经过几年的打拼，又做出了一番事业。她爱孩子到了无以复加的地步，对孩子有求必应。我发现，只要别人夸她的女儿，她就很开心，别人说她女儿不好，她就不高兴。

叙述完毕，她的情绪已经平静下来（有时候人需要的就是倾听）。我首先肯定她能力强，也很爱孩子，同时希望她能够认真分析一下事情的原委，找到解决方法，而这个方法一定要对孩子以后的发展有好处。家长一听对孩子的发展有好处，频频点头。我说："这件事其实很简单，凌敏不小心撞了小倩，小倩气愤不过就找人打了凌敏。注意啊！凌敏不过是扬言要教训小倩，您就这么不依不饶。现在，是小倩打了人啊！咱们再不息事宁人，凌敏真的找人打小倩，可怎么办？"

看到我耐心地听她叙述，听到我赞扬她的事业心和对女儿的付出，她消除了抵触情绪，还主动说了小倩平时的一些问题，和我一起探讨孩子的教育方法。最后她十分高兴地离开学校，说以后还会向我请教孩子的教育问题。

所以，很多时候，我们遇到这类情绪激动又比较护短的家长，要先平抚情绪，给他们倾诉的机会，让他们先把不满宣泄出去，再评判对错。我们只要认真倾听，并且不断点头即可，万万不可和他们针锋相对。须知，我们是以解决问题为目的，而不要急于分清谁对谁错，这类事情，本就分不清对错。

三、以退为进，托物言情

班里的小涛因为发泄情绪打碎了教室门上的玻璃。让人气愤的是，在多人指证的情况下，他竟然拒不承认玻璃是他打碎的。更加让人气愤的是，在课外活动时间他又搬来了援兵，把他的奶奶领到了我的办公室。奶奶听信孙子的话，坐在我的对面，替孙子百般辩解。

话已经谈不下去了，场面有点僵。我一边拿起剪刀开始修剪办公桌上吊兰的枯枝败叶，一边问："阿姨您养花吗？"小涛的奶奶一愣，说："我家也有几盆花。"我说："要想养好花，不但要及时地给它松土、浇水，还要及时地给它除草、剪枝。其实养孩子和养花是一个道理，当发现孩子身上有了坏习惯时，我们在关心他的同时，还要及时地对他进行批评教育，否则小毛病也会铸成大错误。这次打碎玻璃这件事情，也不是什么大错误，一块玻璃没多少钱，我出了，不用孩子赔了。如果冤枉了孩子，还请您和孩子原谅。"

第二天，奶奶让孩子给我带来了10元钱和孩子的认错书。奶奶在孩子的认错书上加了一句话："养孩子好比养花，有了毛病要及时根治。希望老师对孩子严格管理、严格要求。"

一盆柔弱的吊兰，在关键时刻控制住了我的情绪，帮了我的大忙。和家长交往时，这样以退为进的做法，很值得借鉴。

四、积极关注，激发家长向上向善的合作心

积极关注，就是关注家长好的一面，忽视或漠视他们不好的一面，这样他们才可能和我们积极配合。当班主任时间长了，各种各样不配合的家长也见多了。比如，有时候孩子在学校打了别人，我们通知家长来学校一趟，家长说："她打别人了？你再让别人打她就行了，我没时间去学校。"有的会说："老师你不要动不动就给我打电话，我把孩子交给你，就是让你教育他的。"

所以，很多时候，我们教育孩子，需要从教育家长开始。

2011年，我带的班级里有一个问题学生小涛，爱抽烟、喝酒、打架、上网，学校依据有关规定令其回家反省过几次。新学期开始，不到一个月的时间，他又跟别人打架了。我为了给他留面子答应他的请求，没有告诉他的父母，而是借机与他进行了一次长谈，同时更加关注他。

然而，不久他又一次翻墙通宵上网，第二天让同桌捎假，说是腰部疼痛，就溜回家去了。我拨通了他家的电话，他的父亲一接电话，听说我是小涛的班主任，便不耐烦地嚷道："怎么了？又要他回家反省？你怎么动不动就把学生往家赶，学校是干什么的？"一通抱怨之后，不等我回话，电话就挂断了。

我心里顿觉异常委屈和怨愤。我只是想向家长了解一下小涛是不是在家，并同家长商讨一下如何携起手来更加有效地教育好孩子。没想到，反而遭到如此无礼的奚落。

冷静下来，我编了一条很长的短信，充分肯定了小涛的种种优点，分析和设想了他的发展前途，也实事求是地列举了他的一些不良表现，陈述了我如何对孩子苦口婆心地进行教诲，如何给予其生活上的关心和照顾。同时，也表达了我对家长难以管教孩子的理解。反复看几遍后，我把短信发了过去。

当天午饭后，我就接到了小涛父亲打来的电话：

"李老师，我知道您为孩子操了很多心，我太对不住您了。今天中午，

孩子一边哭一边对我说，您是一个好老师，对他的教育很耐心，对他的照顾很周到。我这个人是大老粗，对教育孩子真是什么都不懂。今天下午我就让孩子去上课。老师，您一定要原谅我，上午的事，您千万不要说出去，让人家笑话，遇上俺这样的人，遇上俺那样的孩子，让您操心了！"

从那以后，小涛的父亲与以前判若两人，每隔一段时间都会主动打电话，问问孩子在校的表现情况；而小涛也变得比以前好多了。

其实，家长的不合作态度，就是心理学中所说的产生了"抗阻"。

抗阻产生的主要原因有三个：首先是因为成长必然带来某种痛苦（家长要承认自己教育失败，是一种痛苦）；其次是因为行为的失调是机能性的；再次是家长可能带有某种反抗教师的动机。比如，孩子有偷盗行为，老师费了九牛二虎之力成功破案，孩子也承认了，但当老师将此事告诉家长后，家长矢口否认，第二天孩子也不承认了。于是班主任感觉家长不配合，很生气。其实，老师和家长的分歧在于：老师想的是破案，是解决问题，是给全班学生一个公道、警示；而家长想的是孩子作为鲜活的个体，要保护孩子的面子乃至心灵。这时候，家长的不配合就是可以理解的，家长宁肯自己关起门来教训孩子，也不肯让孩子在班里承认错误——这就是反抗教师的动机。而教育的智慧，就在于班主任如何能在保护个体的同时，让这一事件成为全班同学的教育契机，并让家长成为自己的同盟军。

所以，如何才能让家长和老师进行有效的配合？关键在于老师的举措究竟是在"帮"学生，还是在"管"学生。只要我们能让家长明白老师确实是在"帮"学生，一切误会都可以消除。

班主任遇到不配合的家长，可以运用以柔克刚的策略，时刻不要忘记，我们的目的是陪伴学生成长，而不是逞一时口舌之快，宣泄自己的情绪。

以上建议，供您参考！

您的朋友　李迪

学生早恋，怎么办？

李老师：

  您好！

  我是一个小学四年级的班主任。前几天，有一个女孩子家长给我打电话，说我们班的一个男生总是在自习课或者上课前，借口捡铅笔或橡皮之类的文具，去摸她女儿的脚。我知道后，委婉地提醒那个男生别这样做。结果小男孩告诉我，他喜欢那个女生，在追求那个女生。我一下子蒙了：这么小的孩子早恋也就算了，怎么还用这种方式追女孩子？

  我还没从这件事的震惊中走出来，就看到了另一个令我瞠目结舌的场景：周六我带学生去公园，看见一个五年级男生爬在雕塑身上，一只手去摸雕塑（女）的胸部，旁边还有几个女生在嘻嘻哈哈地笑，该男生更加洋洋得意。我当时难堪得恨不能找个地缝钻进去。现在的孩子怎么这样啊！对于学生早恋这个问题，您能否谈一谈您的观点？

                                                          单老师

单老师：

  您好！

  早恋确实是一个不可回避的话题，随着时代的发展，竟有愈演愈烈的倾向。现在很多人——包括一些教育专家，都认为"早恋是美好的、纯洁的"，但是我们教师知道早恋弊大于利，早恋会影响成绩、影响班风。何况，我真看不出现实中部分学生的早恋行为有什么美好、纯洁可言。但是，当我们批判早恋时，一知半解的学生就站在了道德制高点上，认为我们不相信爱情，落伍了。

我们不排除有一些早恋是美好的，但是也有一部分是不好的。对所有早恋都冠以"美好、纯洁"，是不尊重客观事实的。

王晓春老师曾经写过一本书《早恋：怎么看？怎么办？》，很有借鉴价值，建议老师们读一读。

王老师认为，良性早恋有几个特点：（1）双方是自愿的。上文单老师班级那个男生，恐怕就达不到这一点——人家女孩子明显是不乐意的。（2）具备私密性。很多学生早恋，当众卿卿我我、打情骂俏，影响极坏。这就不是良性早恋，而且整个恋爱观都是错误的。（3）几乎不带性欲色彩。很多孩子早恋，仅仅是内心的喜欢，学习上还相互帮助，这属于良性早恋。对于良性早恋，学校的态度最好是不支持、不干预。对于具体的人，甚至不去主动引导，即使发现了早恋痕迹，也不追查，甚至要假装不知道。对于不良早恋，学校的态度则是：制止其不当行为，防止其行为扩散。至于他的恋爱观，也不要热心去引导，因为我们引导的结果可能是碰一鼻子灰，他可能比我们还会说。

那么，教师究竟有没有引导义务？有。首先，我们的引导是在"面"上，如开班会、开讲座、写信、答疑等；尽量不要在"点"上，除非孩子很信任我们，找我们来咨询。其次，要在平时引导，防患于未然。

那么，如何在面上引导？对于不同年龄段的学生，应该有不同的方式。

一、针对小学生的早恋教育

我曾经听一些小学一年级的老师说，很多六岁半的孩子上学后，尚不知卫生间有男女之别。有一些女孩子下课后和男生玩得开心，晕晕乎乎就跟着男生进了男厕所——因为很多幼儿园是不分男女厕所的。所以，上了小学后，老师要主动承担起规范学生行为的责任。

具体到规范男女生交往，有两条思路：一条是美育的思路，即通过各种活动，宣扬和培养类似绅士风度和淑女风采的举止，提高学生修养，让他们明白那些拉拉扯扯、打情骂俏的动作很庸俗，这样可以从根本上解决男女生交往中的不良举动问题，是治本之策。但这不是一日之功。如果孩子们在小学没有得到引领，到初中、高中后就应该弥补上来。我曾经给学生写过《女人味儿是什么味儿》《男人味儿是什么味儿》《爱情味儿是什么味儿》等文章，就是在告诉孩子们，怎样才是真正有魅力的女人，如何做才是有担当的男人，什么样的爱情才是值得珍惜的。

另一条是直接干预行为的管理思路，也就是外部控制。外部控制也可以分为两种：一种是用规章制度明管（法治），另一种是用人际沟通暗管（人治）。个人认为最好多用暗管（班主任找其谈话）。

对于"面"上的引导，班主任可以借助班会课或科学课，对小学生进行"如何预防性骚扰行为"的教育。我认识一个朋友，他教小学五年级科学。有一次，他带同学们讨论什么是性骚扰，学生发言很积极。老师问："握手算不算性骚扰？"有一个活泼可爱的女孩子清脆地回答："握手不算。"老师很温和地点头，说："你的回答完全正确，握手不算。来，咱俩握个手。"女孩子很开心地将手伸给老师。握完手，女生想把手缩回来，老师却握着她的手不放。女孩子又试图缩手，老师还是不放。最后，女孩子快要哭了，老师才放开，同时问："孩子，老师刚才握你的手，你有什么感觉？"孩子说："很难受，很委屈。"老师这才面向全班，说："同学们，请记住，所有不能给你带来愉悦感的肢体接触，全部属于性骚扰，打架除外。"这样的引领，才真正到位。如果女儿被爸爸拥抱一下，孩子感受到的是安全，是温暖，当然没问题。但是对有的人，他握一下你的手、看你一眼你心里都不舒服，就要提高警惕了。

关于性骚扰，我们可以查找资料，并且打印下来，在班会课讨论时讲出来、发下去，让学生知道，性骚扰主要有以下几种方式。

口头方式：如以下流语言挑逗对方，向其讲黄色笑话或色情内容。

行动方式：故意触摸、碰撞、亲吻对方脸部、胸部、腿部、臀部等敏感部位。

设置环境方式：在学习场所周围布置淫秽图片、广告等，使对方感到难堪。

如果老师们能引申到如何预防性骚扰，学生的兴趣则会更大，家长也会非常感激老师的教诲。

如果单老师能在班里开一个这样的讨论会，想必那个小男生就知道，随便摸女孩子的脚是不妥当的；在公园看见胡闹的男生的举止，那几个女孩子也不会嘻嘻哈哈，反而会生出反感之意。

总之，跟小学生讲爱情观，不要从理念出发，而要从问题出发，在谈"怎么办"的过程中，顺便把正确的恋爱观渗透进去。

二、针对初中生的爱情教育

针对初中生的早恋，我建议只对早恋的出格行为亮红灯。

之所以不对早恋亮红灯，是因为孩子处在这个年龄，亮红灯也没有用。有时学生叛逆起来，非要跟我们对着干，我们也没办法。何况，人家到底恋没恋，我们也不知道。

那么，什么是出格行为？

出格行为应该在中学生守则上就有体现，并让学生熟知。主要包括：当众表白，当众拥抱接吻，当众打情骂俏，性行为、怀孕、性骚扰、性侵等。

当我在班里谈到早恋的出格行为包括当众表白、当众拥抱接吻时，很多学生不禁纳闷："老师，他们都谈恋爱了，做这些事不是很正常吗？"

我说："这都是很私密的事情，他们当众做，就是强迫别的同学看他们的表演，会让人难受。"迟疑了一下，我又说："其实，这也是对早恋女生的一种尊重。毕竟，早恋的成功率还是很低的，在学校当众做这些事，对女生名声不好。"我刚说完这些，就有一些女生频频点头。

可见，站在学生的立场上引导学生，他们还是乐意接受的。

在早恋出格行为方面，学校可采取防守姿态：你只要不出格，我就不干涉。但在恋爱观教育方面，学校要采取进攻姿态，早早地就进行恋爱观教育，等学生"恋"出样来再去弥补，就来不及了。

我曾经到过很多学校，给学生做爱情教育的讲座，这就是积极主动地对学生进行爱情观教育。但是对于学生的早恋，我一般不会过于干涉，除非学生很信任我，要请我帮忙。

有一次，我所带班级的一个女生喜欢上了一个男生。女孩子本来有很多毛病，曾与社会上的小混混交往，但是为了和男生在一起，她逐渐与那些人绝交，并努力学习——这就属于良性早恋。我也曾和这个男生聊过天，让他帮助女孩子进步，当然这个男生很信任我。几个月后，男生打算和这个女生分手，他提前告诉了我。我担心女生知道后想不开，会寻死觅活，又担心她怨恨男生。我便马上找女孩聊天，只是隐晦地暗示、开导，把我的恋爱观讲给她听，甚至告诉她席慕蓉的诗："在年轻的时候，如果你爱上了一个人，请你，请你一定要温柔地对待他。不管你们相爱的时间有多长或多短，若你们能始终温柔地相待，那么，所有的时刻都将是一种无瑕的美丽。若不得不分离，也要好好地说声再见，也要在心里存着感谢，感谢他给了你一份记忆。长大了以后，你才会知道，在蓦然回首的刹那，没有怨恨的青春才会了无遗憾，如山冈上那轮静静的满月。"

后来，他们和平分手，女孩子离开学校后，依然和我感情深厚。

在李镇西老师的博客里，曾经有一篇文章，说他有一天中午抱着一摞作业匆匆往教学楼走，一上楼梯，就发现有两个学生正拥抱在一起。李老师急中生智，将手里的作业"哗"的一声撒到了地上，急忙俯身去捡作业。学生被惊到，以为老师没看见他们拥抱，便马上分开，跑过去帮李老师捡作业。如此，李老师阻止了他们的拥抱，也给学生留了面子。

事后，李老师开始为学生做"爱，你准备好了吗"的专题讲座。

这样的教师，在静悄悄地表达着对学生的善意，同时又大面积指导着学生的爱情观，才是最受学生欢迎的。

三、针对高中生的恋爱观教育

对高中生进行恋爱观教育，应放在整个人生的大背景下来谈，多说一些有关婚姻和子女的问题。这时教师一定要避免教诲的姿态，要采取"我只不过是发言人之一"的态度。

我曾经写过一本书《我和学生谈爱情——将爱情教育进行到底》，里面全部是关于爱情教育的主题班会，在人生的大背景下探讨中学生的爱情观教育。

有时，我在开讲座的时候，会问学生：灰姑娘嫁给王子后，会幸福吗？有学生答：会。也有人回答：不一定。我问：为什么不一定？学生答：因为他们接受的教育不一样。灰姑娘嫁给王子后，可能要母仪天下，也要为王子分忧，灰姑娘未必能胜任。

我说：是啊！其实我们在座的每一个女生，都是灰姑娘。我们在盼望着有一天，白马王子能开着宝马车或骑着摩托车把我们带走。问题是，当你的白马王子真的开着宝马车来找你，他必然有整个家族的事业要继承，如果你不懂英语、不知礼仪，这个宝马车，你能坐得稳吗？或者，如果你的白马王子骑着摩托车来接你，他是要有一番事业去开拓的，你不能吃苦，没有一技之长，又怎么去帮助他？

有一次，我们班一对男女生谈恋爱了，女生很优秀，成绩也不错，男生问题却比较大。他们对我没有隐瞒，我也不敢贸然拆散。但是，自从我知道他们俩的恋情，每次看见他睡大觉，我都会说："现在上课睡大觉，将来家人就饿肚子，对自己和家人一点也不负责任。"看见他不写作业，我也是这句话："现在不写作业，将来家人就饿肚子，对自己和家人一点也不负责任。"看见他迟到，我还是那句话。这样没多久，两个人就分手了。据说，女孩子对男孩子说："你每天就知道玩玩玩，对自己一点也不负责任。"两个人彼此间不但没有怨恨，对我也依然爱戴。

有时候，我会对女生说：你们现在找对象一定要慎重，因为这件事往小处说，会影响到你们一生的幸福，往大处说，可能影响整个家族的发展。因为你是在为自己的孩子找爸爸啊！根据弗洛伊德精神分析所说，一个男孩终其一生，会向他的父亲取经。如果他的父亲每天喝酒、打牌、无所事事，将来孩子该向谁学习？

学生问：我们怎么知道那个男生将来会优秀呢？

我说：你们看这个人每天读什么书、交什么朋友、思考什么问题，就知道这个人十年后会成为一个什么样的人。如果这个男生天天玩手机、不写作业、追女孩，他十年后又会成为什么样子呢？

当然，这些话我向来是不怕男生听见的。学生对这样的聊天非常感兴趣。

对于大面积的引导，除了做讲座、开班会，还可以借用网络上的案例，让学生去分析，去选择正确的做法。总之，方法有很多，只要动脑子，总会找到适合自己班级情况的那一种。

希望我的回答能让您满意。

您的朋友　李迪

遭遇爱打小报告的学生，怎么办？

李老师：

　　您好！

　　我是一个小学班主任，每天都会收到各种叽叽喳喳的小报告。比如，有一天语文课前，我正忙着开电脑、调试投影仪，雯雯跑过来向我告状："顾老师，小成拿了我的笔不还，还把墨甩到了我的桌上。"眼看着上课铃就要响了，我不耐烦地回了一句："你没看老师正忙着吗，等下了课再说。"雯雯不声不响地回到了座位。等一下课，广播操音乐响了起来，我赶紧组织孩子排队做操，雯雯"告状"的事被我忘得一干二净。

　　中午，我发现雯雯竟然用铅笔写作业，想到学校一贯要求作业本上墨色前后要一致，就气不打一处来，厉声把雯雯喊到了身边："怎么回事？不是要求作业用钢笔写吗？今天没带钢笔，还是没墨了？就不能向同学借一支吗？"雯雯眼睛里闪烁着泪花："我的钢笔被小成拿去了，他不还给我。""那你怎么不告诉我？"刚说完这句话，我立马后悔了，一种无法名状的愧疚、歉意在心头渐渐荡漾开来："对不起，雯雯，老师忙得忘记了，是小成拿了你的笔，我这就去找他。"

　　……

　　问题解决了，可我的心却还在为自己的疏忽大意而自责。雯雯是个内向、柔弱的女孩，平时从不与别的同学发生矛盾，也很少在我面前告其他同学的状。这次，要不是小成惹急了她，她一定会像以前一样默默地承受或自己解决。她是鼓足了十二分的勇气，才跑到我跟前开口求助的。没想到我却以一句"你没看老师正忙着吗"将她好不容易鼓起的信心给浇灭了。对于一心期待着老师为自己伸张正义的雯雯来说，内心该有多么失望啊！

　　无独有偶，几天之后又发生了一件事。课间两个男孩因为一点小事闹矛盾动了手，结果其中一个孩子的牙齿被打掉了。孩子很乖巧，怕给我添麻烦，没告诉我，直到晚上家长发现他嘴角的异样才知道。第二天，我问孩子为什么不在事情发生后第一时间告诉老师，孩子小声地说："你不是常常说不要一遇到事情就汇报吗？反正牙齿掉了也不是什么大事。"听着孩子纯真的话语，我心里的惭愧和歉疚真是难以言表。是呀，这样的话不是我曾经亲口说的吗？

　　在与孩子相处的过程中，我经常会碰到"告状"的情况。"顾老师，姚力刚才打了我一下。""王林说我抄别人的作业，我根本就没有，可他偏不信。""刘炀发作业本的时候随便乱扔，把我的本子扔坏了。"诸如此类的问题，不胜枚举，我若一一解决，会把人累死，何况他们的问题都是芝麻大小。所以后来对这些小报告，有时间就处理一下，没时间就应付一句"知道了"。如果遇到自己心情不好，甚至会训斥两声："怎么又是你们俩闹矛盾？遇到事情不会自己解决吗？没看见老师正忙着吗？不要碰到一点点的小事就来找老师。"久而久之，跑到我身边"告状"的孩子变少了。就在我自认为孩子们独立处理问题的能力在逐渐增强时，却慢慢发现我与孩子们的距离疏远了。下课时，不再像以前一样，有很多孩子围在我身边叽叽喳喳地说个不停。相反，我隔三差五地就会接到家长的电话或短信，向我反映孩子遇到了什么问题，麻烦我帮着处理一下。

　　对于学生的"小报告"，我是理，还是不理呢？

顾老师

（注：此问题选自《班主任之友》教育论坛，有删减）

顾老师：

　　您好！

　　您是一个善于反思的教师。其实您现在已经明白：小小的告状，蕴含着孩子内心的需求。

陶行知先生曾说："您不可轻视小孩子的情感！他给您一块糖吃，是有汽车大王捐助一万元的慷慨。他做了一个纸鸢飞不上去，是有齐柏林飞船造不成功一样的踌躇。他失手打破了一个泥娃娃，是有一个寡妇死了独生子那么悲哀。他没有打着讨厌的人，便好像是罗斯福讨不着机会带兵去打德国一般的怄气。他受了您盛怒之下的鞭挞，连在梦里也觉得有法国革命模样的恐怖。他写字想得优没有得到，仿佛是候选总统落了选一样的失意。他想您抱他一会儿，您偏去抱了别的孩子，好比是一个爱人被夺去一般的伤心。孩子的感情是绝对不可以轻视的，伤害到孩子的结果只会使自己的劳动成果付诸东流。在他们犯错误的时候，我们更多的是要倾听，而不是苛责与批评。"

陶行知先生的话多么中肯！孩子找老师告状，想得到肯定或帮助，我们若听也不听，只要求他别添乱，他该有怎样的委屈和失望！

孩子告状一般有以下几种情况：

一、求助

比如案例中的雯雯，被顽皮的小成拿走了笔，她自己问小成要，小成不给，不但不给，还把墨甩到了桌子上。小成坏吗？他不坏，他只是淘气。但这一举动，让雯雯无助又无奈。老师这时候不必上纲上线去批评小成，那会让自己失去风度；也无须分出个你是我非，这容易让小成这样的学生觉得小题大做，起逆反心。这时老师只要抬头对小成喊一声："你快把钢笔还给雯雯，我们不可以把文具当成玩具。"轻描淡写的随口一句话，其实不花费时间和精力，就能解决问题。

这样的纠纷细想起来，不算行为习惯问题，而是由性别原因导致的。

家长在一起交流子女教育问题的时候，也会谈到生女儿和生儿子的不同。妈妈下班后，女儿可能会马上跑过来亲妈妈一口，说："妈妈，我爱你。"男孩子表达爱的方式却不是如此，他可能会藏在门后一声大喝："缴枪不杀！"在把妈妈吓得花容失色、魂飞魄散时，他却大咧咧地递上来一根棍子："妈妈你演坏人，咱们玩打仗吧！"女儿看见妈妈起床，可能乖巧地帮忙拿衣服；我的儿子却常把我的拖鞋藏到沙发最深处，他看着我光脚丫满地找鞋子，乐不可支。这时，你能说男孩子就一定很坏吗？我们有必要对他们上纲上线吗？这是性别的不同造成的行为差异。很多老师没有看清楚这些，只看到在我们费尽心思要处理这件事的时候，孩子们可能已经言归于好了，便觉得没必要听女孩子的告状，但这又是忽视了女孩子的感受，就大错特错了。

二、得到肯定

比如案例中提到的"顾老师，姚力刚才打了我一下"，或者"王林说我抄别人的作业，我根本就没有，可他偏不信"等，这种告状其实只是孩子想得到老师一个肯定的回答。因为父母和老师平时告诉孩子"不能打人"、"不要毫无根据地冤枉他人"等，在现实中他们遇到有人犯了这样的毛病，会很困惑，心想：这样做是正确的吗？于是去问老师。老师只要很认真地回答"他们这样是不正确的，以后咱们在班会里再统一强调"，足矣！告状的孩子的观点得到认可，他们所受的教导得到求证，就会很高兴地回去。相反，倘若老师听都不听，甚至告诉孩子不要动不动告状，这告状的孩子接下来可能也会打人、冤枉他人。

三、撒娇

有时候学生在打闹中，会有人（我们姑且叫她小红）喊："老师，您看青青欺负我。"倘若老师说："以后别有事没事找我告状。"学生会觉得自讨没趣，从此不再喜欢这个老师。倘若老师说："青青，不要欺负我们小红。"同学们便会在和谐的气氛中会心一笑，师生感情也在无形中得以加深。这种事又何须费心处理呢？我教的是高中段的学生，经常会这样玩着笑着应对告状事件，并藉此加深师生感情。

四、获得老师的理解支持

比如，2011 年我带班的时候，一向懂事的班长慧成梨花带雨般哭着来找我，说小鹏在班里甩她的手，欺负她。认真问下来，原来是我们班的小鹏和另外两个男生有了矛盾，他们在争吵中，一个男生激怒小鹏："要不咱就出去练练？"小鹏冲动地一站，说："练练就练练。"气势汹汹就往外走。

慧成哭着对我说："老师，小鹏出去肯定会吃亏的，他打不过那两个男生。但是，我好心去拉他，他却毫不留情地一下子把我的手甩到了一边，我的手正好碰到桌子上。"慧成举起手让我看，小手指被碰破一块皮。我迅速意识到手疼是次要的，关键是她那么关心小鹏，情不自禁去拉小鹏，小鹏却当众甩了她的手，她的面子问题才是最主要的。我便很认真地点点头，说："我这就叫他过来向你道歉。你的手很疼吧？来，我给你止血包扎。"慧成点点头，我一边包扎一边问："他们后来打起来了吗？"慧成已经停止了哭泣，说："我哭着跑来了，他们可能没打起来。"

片刻间，小鹏过来了，我埋怨道："你怎么能这样对待慧成呢？她是真心关心你，怕你吃亏，你现在连好歹也分不清了吗？"这席话完全是站在慧成的立场上说的，慧成马上把我当成了最懂她的人，委屈着低头不吭声。小鹏见我没有做道德判断，却就事论事只替慧成说话，忙道歉道："慧成姐（小鹏是我们班年龄最小的学生），对不起！你的手还疼吗？"

慧成已经止住了哭泣，轻声说："你不要和他们打架就行了。"

在心理咨询技巧中，罗杰斯曾提出"共情"的概念，就是"投情"、"投入"、"同理心"，设身处地为对方考虑，可让交流更加有效。在这个事件中，我没有怀疑慧成和小鹏有超越友情的情谊——事实上他们也确实就是一般同学关系。我认真倾听慧成的诉说，就是对她最初级的共情。在为她做主，让小鹏向她道歉时，我句句诉说的都是慧成的心声，这属于较高级的共情，这样给足了慧成面子，同时也没有过分批评小鹏，大家皆大欢喜。

请老师们相信，当一件事情顺利处理后，自己都会有一种成就感，还能提升自己在班里的威信。何乐而不为？

类似告状不仅仅在学生中存在，成年人中也很常见。

故事发生在十年前。

当时，家父过世多年，我们兄妹五人全都成家生子。春节期间，这个有 16 口人的大家庭聚在一起，俨然就是一个小班级，60 多岁的母亲堪称班主任。

有一天下午，年近不惑的二嫂阴着脸从娘家回来，坐在正包饺子的母亲身边一言不发。母亲问："怎么了？脸色这么不好。"

二嫂气冲冲地说："李凌（二哥的名字）在我娘家，一点也不给我面子。"

母亲忙直起腰，把手里的面粉放一边（认真倾听），说："他在你娘家都不给你面子啊！这也太让人生气了。"——注意，重复是最简单的共情，当学生向你诉说委屈的时候，你只要很认真地倾听并重复他（她）的话，问题就解决了一大半。

二嫂："他动不动就说我不懂，说我什么也不知道，好像他很聪明、很厉害似的。"

母亲继续安慰道："如果你有事情不懂，他应该负责让你懂嘛！怎么能在娘家都不给媳妇面子呢？今天你受委屈了，快去洗洗脸，喝点热水。我今天晚上就说他……"二嫂脸色慢慢恢复正常，并洗手帮母亲包饺子——注意，诉说对方的感受，属于高级共情。再加上简单的处理，事情就基本解决了。

另一则故事发生在我远方婶子家。

堂妹和堂妹夫吵架了，"官司"打到了婶子那里，堂妹夫对着婶子吐槽，刚一开口，婶子就打断了他的话："别跟我说！你们的事情我管不了，我只管把她养大，就完成任务了。我管好我自己不拖累你们就够了，你们的事我不想插手。"堂妹夫一脸落寞和失望。

堂妹夫找婶子吐槽，其实是信任婶子。谁知她听都不听就打断堂妹夫的话，堂妹夫便很难过。仔细想一想，婶子也是希望他们家庭和睦的，为什么会出现这样的情况？这显得多么冷漠，多么没有责任心啊！

很多时候，我们不是为某一件事情的发生而焦虑，而是为害怕这件事情发生后带来的情绪而焦虑。这是一个假象的焦虑，很容易让人陷入一个怪圈，不停地想阻止这样的焦虑情绪发生，却不肯接纳、分析、处理现实中已经发生的事情，只是一味逃避。

和家长一样，每个班主任都不希望班级学生出状况，所以，一听到有人告状，根本就不了解事情经过，马上开始发火："我忙得很呢！没时间听你们说这些鸡毛蒜皮的小事。"又强压不悦告诉学生："自己能解决的事情就自己解决，不要总是告状啊！"但是，学生哪里知道什么事情自己可以解决，什么事情自己不能解决呢？如陶行知所说，孩子想让你抱他，你却抱了别人，就像自己的爱人被夺去一般伤心。孩子觉得这是最重要的事情，而牙齿掉了的事，似乎不算什么大事，于是便不告诉老师。

很多时候，我们都在掩耳盗铃般拒绝知道班级里发生的一些小事。但是，有的事情我们越拒绝，就越容易出乱子。就好像你明明听到了一个快递员给你送快递，却因为拒绝这个快递而拒不开门。那么，这个快递员就只好一遍遍敲你家的门，每天都来敲，每天都提醒你有快递，甚至在忍无可忍的时候，踹你家的门。远不如一开始你就打开门接收这个快递，然后尽早处理。这样，就再也没有人来提醒你，有不欢迎的快递到了。这个快递，就是那种害怕事情发生的焦虑。我相信，在小成将雯雯的钢笔拿走后，她是完全有能力想办法不用铅笔写作业的。但是，老师不管小成，那么好吧！我就用铅笔写作业，我要专门提醒老师——你的快递真的到了，你不开门吗？下次我还用铅笔写，直到你开门为止。

就在我整理这本书稿的时候，在一个微信群里，我看到梅洪建老师发了一个小案例：

和沈丽新老师喝茶聊天，她讲述了自己班上的一件事儿。

那天刚下课，一个小朋友满脸委屈地跑到办公室对她说："沈老师，小胖把我手弄痛了，还不给我道歉，我不跟她玩儿了！"看到孩子委屈的样子，很多老师会把小胖叫来，问清楚原因，或者讲一番道理让两个孩子和好。而沈老师没有理会这些，而是把小朋友拉到自己怀里，托起孩子的小手，用嘴巴吹吹，然后用手捧住孩子的手说："来，老师给你暖暖。"过了一会儿又说："还疼吗？要不要老师再给你吹一下，暖一会儿？""不要了，老师，我出去玩儿了。"沈老师告诉我，她出去玩的对象，恰恰就是小胖。

　　超级喜欢沈丽新老师。这必然是学生最喜欢的、最有魅力的女教师。您觉得呢？

您的朋友　李迪

第四辑

遭遇师生关系紧张

学生不愿意和老师沟通，怎么办？

李老师：

　　我们班有两个男同学发生了点小摩擦，其中一个趁周五放学后在路上堵着，将对方打了一顿，惹得对方家长到学校找事，说我不负责任，说学校没能及时化解矛盾。我觉得自己好委屈，分明是学生不愿意和我沟通，我能怎么办呢？现在很多学生都不愿意和老师沟通，导致他们出了问题，我们一无所知，很被动。对此，您有没有什么好的方法？

王老师

王老师：

　　您好！

　　我非常理解您的心情。现在的学生获取知识的渠道很多，他们把一些成人的、社会的观点拿来，简单地糅合在一起，形成自己一套不成熟的办事方法。遇到问题不太想跟老师沟通，不愿意对老师说知心话，有什么事要么闷在心里，要么找同学自行了结，因此常常带来管理上的麻烦，造成老师工作上的被动。所以，如何让学生愿意和我们沟通，就成了一个很值得研究的课题。我这里有一些做法，供您参考。

一、看准学生的特长，在对方特长方面求助

　　让我们首先设想一个问题：倘若您想获得一个人的好感，您觉得是自己帮对方的忙效果好呢，还是请对方帮您的忙效果好呢？

　　心理学家研究表明，请对方帮忙，更容易获得对方的好感。因为这种互动是将自己放在了弱者的位置。倘若总是帮助别人，就会无形中告诉对方：

我在各方面都比你有优势。而多数人是不愿意总处在弱者的位置上的。或者说，如果您的存在总在提醒他：你处处不如我。那么，他是不愿意和您做过多交流的。所以，获得对方好感的最佳方式，也许是真心实意地在对方强的方面求他（她）帮忙。同理，我们教师若想让学生愿意和自己沟通，万万不要总是把自己放在强者的位置上，而应该在学生强的方面，适当示弱。

比如，有一年，我班新转来一名学生小禹。初次见面，她的父母要她喊"老师"，她不开金口。我想可能是孩子刚到一个新环境还不适应吧，因此也没有太在意。事后与家长沟通，才知道她平时确实不善与人沟通，家长也希望我能想办法改变一下。

有一次周末放学，我去她们寝室，恰好看见她床上放着一本《希腊神话》，我拍着书说："终于找到你了。读小学时就听老师讲过里面的故事，就是没有机会读到原著，今天终于有机会了。"我把书拿在手里，显出很舍不得的样子，问："小禹，这本书能不能借给我看？"她爽快地答应了。我马上与她握手，表示感谢，并说因为我是放学后来寝室的，现在要直接回家，请她星期一将书带到教室去。

星期一的早上，她果然把书带来了。我们在讲台上办好了交接手续，并隆重地向大家介绍我们之间的约定，我再一次向她表示感谢。她的脸红扑扑的，非常高兴。

我花几天时间看完了许多我期待了几十年的名篇，同时把故事讲给同学们听。每一次，我都发现小禹非常高兴。有时我故意说忘了是什么情节，她便给我补充。在同学们羡慕的目光里，她也慢慢地开始主动与我沟通了。

后来，我把这本书还给她，同学们都抢着向她借。在阅读中，她与我的距离拉近了，与同学们的距离也拉近了。

类似的做法还有很多。比如，倘若一个学生对电脑很在行，我们就让他帮我们做课件；她舞蹈不错，就向她咨询如何在锻炼中拉筋；他篮球不错，就向他请教打球的技巧等。这些做法都可以让学生打开心扉与我们沟通。

二、学做令狐冲，无招胜有招

金庸笔下的令狐冲以一套独孤剑法而笑傲江湖。独孤九剑的要领其实很简单，就是让对方先出手，根据对手的招式进行适当地拆招，从而达到克敌制胜的效果。班主任老师管理一个班几十个学生，因人秉性不同，方法也不尽相同。学生在和老师沟通时，就已经开始有所防守了，或者说有所保留了。这实际上是他们趋于成熟的一种表现，但是给我们的管理带来了难度。怎样沟通才好？不妨学学这"独孤九剑"。

如何让学生主动出招呢？师生的谈心地点万万不可放在办公室。首先，办公室里有其他老师在，学生说话有顾忌；其次，学生一进办公室就会有戒备心理。所以，最好的地点可能是校园里，一边玩耍一边交流；或者在教室里，有一句没一句地沟通；或者是在老师请学生帮忙填表格的时候，学生最放松，很多时候，他们会自己提供好多信息。比如，有一次中午我到教室看看，当时教室人不多，也就五六个学生吧！有个学生忽然说："老师，咱们班女孩子都被人追，您知道吗？"我心里一惊，但还是假装很好奇的样子："真的？他们都是怎么追你们的？老师好久没有被人追过了，都不知道现在的男孩子是怎么追女孩子的。"学生头也不抬地说："就是在食堂，给我们买一个三角饼、烤肠之类的。"我当时听了就忍不住笑道："咱学校的男生，也真是不够浪漫！追女孩子呢，买个三角饼、烤肠，还不如送个树叶、石头蛋儿。"其实，我非常理解我们学校的男生，因为学校很小，平时封闭管理，学生出不去校门，校园里又没有小卖部，要对女孩子表达好感，只能跑到食堂去，五毛钱买一张三角饼，黄灿灿的确实很好吃。但是我故意这么说，女孩子一听，马上就想到："是啊！追我呢！给我买个三角饼，确实不浪漫。"那么，下次再有人给她们买三角饼，她们还要不要了？当然不要。我们的目的是什么？就是不想让她们要。

这就是令狐冲的独孤九剑，无招胜有招——让学生在最放松的时候说出自己的心声，我们轻描淡写地将问题化解。倘若不是学生主动说出来被人追，而是我率先提问，她们未必愿意说实话！

三、师生飞鸿，让良言不再苦口

从1997年当班主任至今，我由学生的迪姐姐，成长为迪阿姨，甚至迪妈妈。这些年来，我见证着学生的成长，学生也见证着我的成长。而见证我们共同成长的最好方式，除了班级日记，就是上文多次提到的师生飞鸿——我们的书信来往。

写信是我与学生沟通中经常运用的方式之一。因为很多观点用口头语言表达出来，不容易被学生接受，有时受场景的感染，甚至会激起他们的逆反心。而娓娓道来的书信，却能让学生充分感受到我的真诚、善意，并能反复琢磨、细细斟酌。

学生总是把我的信当成最珍贵的礼物来保存。

比如，电视剧《亮剑》热播时，很多男生错把粗俗、骂娘、侃大山、痞子气当成了男子汉的标志。于是，我连续写了几封信和学生谈"男人味儿是什么味儿"。

有一个男生失恋后沮丧不已，觉得没面子，我就写信告诉他：

……我必须承认，面子问题一向是我们中国人最大的问题，但是最关键的问题是：就算你现在夜不能寐、食不甘味、荒废青春、耽误学业，你的面子就能回来了吗？并不能。

这样的肺腑之言，学生总是很乐意接受。

当然，更多的时候，我是给女生写信。因为女生情感更丰富、更细腻，更需要理性的引导和悉心的呵护。比如，抽查女生寝室的卫生不合格，批评她们，她们还不服气，问我："为什么下午去检查寝室？通常下午学校不检查，大家当然不用收拾床铺。"于是我给她们写信，强调女人要美丽给自己看，开花给自己看：

……我不明白，难道我们收拾床铺是为了给别人看的？难道仅仅因为没有人欣赏，青草就可以不绿，鲜花就可以不开？原野里的鲜花有几朵能有幸被人欣赏到？但是它们从来不因为没有人看，就不争芳吐艳。

青春期的孩子感情敏感而细腻，他们在内心深处渴望依靠自身力量去发现问题、解决问题。这样的师生飞鸿，既能保住学生的面子，又能给他们启发，让他们体验到成长的愉悦。

我给学生写信不讲太多大道理，也就是生活中、学习中她们遇到的小事情、小问题，或者我自己外出看到的社会现象，用他们能接受的语气，和他们分析、探讨，提供新的思路。

书信来往为什么能被学生接受？原因有三：第一，书面交流显得很正规，让学生感觉自己在老师心中的分量很重。每个青春期的孩子都渴望被重视，这种被重视的感觉一旦被满足，会激发起他们向上、向善的心；第二，信中的每一句话都是经过仔细斟酌的，不容易与学生发生正面的矛盾冲突。尤其是很多口头语言表达不出来的文绉绉的关切、问候，在信中写出来一点也不觉得酸腐；第三，书信中的观点可以让学生反复琢磨、思索，收获更多。

四、大智若愚，班主任不妨也装傻

现在的很多女孩子颇为娇气，有时因为冬天太冷不想起床，就会装病，说自己感冒了或肚子疼。老师若是不相信她们，她们必然委屈万分。这时，老师完全没有必要生气或怀疑。我一般是急匆匆赶到寝室，很焦急地催促："生病了可耽误不得。你现在快点起床，我陪你去医院看病，说不定还要输液呢！"学生一般会说："老师，没事，我睡一觉就好了。"我便摇头："这可不行，病是绝对不能耽误的。我去给你买饭啊！你现在马上起床……"有时她们不等我走就起床了，有时我买好饭送到寝室她们还没起床，我便耐心等着。等她们起床后，可能就不用去看医生了。

有时候，女孩子偷懒，说自己拉肚子，不想上体育课或舞蹈课，我会假装信以为真，从办公桌里拿出维生素C、当归片之类吃不坏的药让她们吃，告诉她们这是专治拉肚子的。她们哪里敢胡乱吃药，只好说自己疼得不厉害了。我便说："要是能坚持，那就坚持上课吧！"这样的沟通，学生只会感谢，不会有丝毫怨气。

有时学生犯错误时，我也睁只眼闭只眼假装糊涂，因为那时的学生往往极度敏感。他们的不合作只是出于自我保护的本能，心理上的叛逆常使之拒人于千里之外。此时的批评，对错误行为本身只会起到强化作用。施加压力并不一定能阻遏错误的再次产生，反而会使犯错者在以后犯错时更谨慎，更精于掩饰自己，更巧于逃避责任。此时班主任倘若能装傻，对违纪学生不予过分理睬，给他（或她）一个平静情绪、自我反省的时间或空间，结果也许会出乎你的意料。特别是当学生处于不安与自责时，更不应该"雪上加霜"，只需要有意无意地给他以积极的暗示，学生便会因班主任的信任而产生自我改过的想法并付诸行动。问题出现后，再追问学生为什么要违反纪律又有多大意义呢？若学生情绪很激动不予配合，僵持下去就更不利于问题的解决了。

以上几点建议，其实有几个共同点：老师没有自以为是，没有自说自话，甚至在学生对老师表示冷漠、敌意的时候，还能静下心来体会学生的敏感、柔弱，并采用有效的方法——向学生求助、真诚的书信来往、共同的兴趣爱好，或以弱胜强等，让学生向老师敞开了心扉。此时，我们的一抹微笑、一句问候、一个手势、一个眼神，都可能会影响学生。

您的朋友　李迪

当了班级"后娘"，怎么办?

李老师:

　　您好!

　　因为种种原因，我需要接手一个"二手班"。听到这个消息，我很为难，因为以前的班主任和学生的关系非常好，我一旦接手，肯定会是很尴尬的局面。同事们也认为同学们和我的关系会有一定的隔阂。如何让他们在最短的时间内接受我，是我非常头疼的问题。您有什么好建议吗? 谢谢您!

　　　　　　　　　　　　　　　　　　　　　　　　　　　　刘老师

刘老师:

　　您好!

　　其实，许多班主任都遇到过中途接班的情况。中途接班一般分三种情况: 第一种，原班主任与学生关系和谐，因特殊原因（比如生病、外出学习等）离开; 第二种，原班主任与部分学生有一定的感情基础，但班风不正，学校领导强行撤换班主任; 第三种，学生非常厉害，团结起来赶走了原先的班主任。

　　无论是在哪种情况下中途接班，新上任的班主任都难免要进行一场"持久战"。人们常说"后娘不好当"，其实中途接班的班主任和"后娘"的身份差不多。

　　我们应该怎样做，才能尽快赢得学生的信任，让班风变得积极向上呢? 我建议您从以下几方面做起。

一、无视"闲言碎语"，调整心态为班级把脉

　　当中途接过一个"好班"或"差班"，流言蜚语往往就会如雨后春笋

般出现。比如，倘若接了"差班"，有人可能夸大难度，吓唬您；倘若接了"好班"，有人可能说您摘了别人的桃子，在享受前任班主任的劳动成果。如果接了和原先班主任感情不和的班级，原班主任可能心情复杂，甚至盼望班级不要有好的转变；如果接了和原班主任感情好的班级，学生又可能拿您和原先的"亲娘"对照，生出种种不如意。这时，您能做的，就是调整好心态，正确处理与外界的关系，不做任何解释，轻装上阵。否则，您每天忙着应付闲言碎语，哪儿有空来了解班级？

二、因势利导，不要急于改革

您说您接手的班级的学生和原班主任关系不错，我就以此情况为例，和您谈谈我曾见过的成功当"后娘"的例子。

三年前，有一次我到 11 市场班监考。一进教室，迎面看见墙上贴着一幅画，画上是四根木头组成的方框，内置一棵开满了花的树，上面写着大字"我们等你来"。乍一看，有一点感人，有一点温馨，还有一点点煽情，激起了我的好奇心。再一细看，每一朵鲜花上都写着字，诸如，"娜姐，我们想你了，你快回来"、"祝老师身体健康，祝小宝宝快乐成长"、"老师，你不在的这段时间，我夜里总梦见你"、"祝老师越来越美丽，越来越健康，越来越可爱"等。

我明白了，这不是煽情，这是真情。

这个班原先的班主任是娜娜老师（我曾在《女人味儿是什么味儿》一文中说她是我们学校最有"女人味儿"、最美丽的女教师），她带了这个班一学年后，因生孩子在家休产假，所以学生在教师墙壁上说"我们等你来"。

我将鲜花上的字一朵朵地看下去，发现有一朵鲜花上竟写着"李璐，去外面跑 60 圈，如果明天还不上操，就跑 120 圈"，落款是"娜娜说"。我不禁莞尔。看来，学生想念娜娜，不仅想她的和善、真诚，还留恋她含笑带气、半真半假对学生的惩罚。

教室另一面墙壁上有两个版块，一个版块上贴着一轮蓝色的弯月，月亮周围是几十个色卡纸做成的黄色星星，每颗星星上都贴着一个学生的一寸照片，月亮上是娜娜的照片：穿着紫色的棉衣，双手合十向上凝望，似乎在为同学们的健康成长祈祷、发愿。另一个版块上，贴着十几张照片，里面有娜娜老师的各种单人照、学生搞活动的照片、冬至包饺子及娜娜老师煮饺子的照片。最惹人注目的是娜娜老师和现在的班主任海老师在三亚的合影，海老师虽然是已有几年教龄的老师，却一副虎头虎脑的男孩模样。他们俩或坐或站，或嗔或笑，像姐弟一样亲密、阳光。

大家都说班级"后娘"不好当，因为"衣不如新，人不如故"，学生总是留恋以前的老师。先前的班主任若是依然在教室里陪伴他们，他们也许会和老师胡闹、生气、闹矛盾；但班主任一旦请假离开，学生必会想起他（她）的好来，并将那"好"无限制地放大，进而排斥新任班主任，对"后娘"横挑鼻子竖挑眼。所谓"人无完人"，哪一个老师没有缺点呢？偏偏学生要拿以前班主任的优点去挑剔"后娘"，这便让"后娘"的日子格外难过。

但是，我相信在这个班级，海老师这个"后娘"不难当。学生思念娜娜，需要倾诉，海老师就让班级文化的布置满足学生的需求，让学生在朵朵鲜花上尽情地倾诉，让娜娜老师在月亮上祈愿——学生当然知道娜娜的愿望是让同学们好学上进。自己想念老师，又怎么能让老师失望？同学们可能——仅仅是可能排斥海老师，那就让他们看看，娜娜和海老师这两任班主任相处得多么和睦。

这真的是一个非常好的让学生接受"后娘"的做法。情绪上的思念、痛苦、伤感、担忧等，一味压制是不足取的，只能因势利导。在心理咨询行业中，求助者对咨询师说："这段时间我总是郁闷……"咨询师绝不会阻止求助者宣泄郁闷，因为咨询师知道情绪强制压抑的后果更严重，他们只是很耐心地引导求助者："这个郁闷妹妹伴随你多久了？"您看，咨询师巧妙地把郁闷情绪和求助者本人分离开来，并美其名曰"郁闷妹妹"，让求助者感觉郁闷这个情绪和自己不是一体的，自己可以允许不良情绪存在，可以选择其他更好的情绪。

在这个班级里，海老师也允许同学们思念娜娜，但是更重要的是以"思念"之势更好地引导学生接受现在的自己——他们心中的"后娘"。多么高明！

在武珊老师的博客里，我看到她说自己要离开原先的班级到另一个学校了，她说："原本想和同学们道别后再走，可年级组长说，'你和同学们的关系处得太好了，这样会引起动乱的，你还是默默地走吧！对你对同学都好'。"武珊老师自问："是吗？可我心里五味杂陈。不道别，有头无尾，岂不是间接教同学们做事没有章法吗？"

武珊老师的担忧不无道理。所以，文章没看完，我就忍不住扼腕长叹：年级组长何苦如此呢？她知道孩子们的心吗？她是否明白，武珊老师这样不辞而别，会给"后娘"带来多少麻烦啊！

三、以柔克刚，不给学生作对的机会

"新官上任三把火。"班主任新接手一个比较乱的班级，总希望尽快提升班级管理水平，常常在很短的时间里大刀阔斧地进行改革，这是中途接班的大忌。因为你对班级的具体情况没有全面了解，学生也没有完全适应新的班主任，师生之间需要一个磨合的过程。操之过急，往往会使大多数计划落空，进而影响班主任的威信，更难开展工作。这时新班主任一方面要敢于管理学生，赏罚分明；另一方面要以柔克刚，"难得糊涂"。须知想改掉学生的不良习惯并非一日之功。

我曾见过一个格外调皮的职业学校的纯男生班，他们的原班主任几乎是被学生"赶下了"讲台，现在听说要换新班主任了，纷纷议论："管他是谁呢！如果他能制服我们班，算他有能耐。"

"就是，来一个轰一个，只要不合我们意的，就得走人。"

"丁零零……"伴随着上课铃声，一个戴眼镜的青年教师走了进来，他清了清嗓子说："同学们好，我就是你们的新班主任，我姓井，以后你们就叫我小井好了。"

"还'扳倒井'呢！"堂下一阵哄笑。

"这也没有关系，只要你们别把我当教师就行了。我刚从师范学校毕业，教语文。但搞笑的是，我的语文也不是太好。与其说我来教你们语文，还不如说我和你们一起学语文。早就听说我们班的同学智商都很高，在接下来的日子里，我这不长进的'扳倒井'可要和你们比比了。"

井老师对于学生的嘲笑、冒犯不过分计较，反而让学生感觉不到对抗的力量。从此，每一次语文周练时，井老师都坐在后面和学生一起考，有时他得第一，有时他也得倒数第一。上其他课时，他也坐在后面，认真听讲，还举手回答问题。体育课上，他和同学们一起打篮球。渐渐地，同学们把他当成了同学，对他的叛逆情绪没有了，学习氛围也浓厚了。大家都努力学习，你追我赶，一心只想着把"扳倒井"给比下去。

这样将自己融入班级，连最调皮的孩子都能对"后娘"服气。这就是老子所说的：将欲歙之，必固张之；将欲弱之，必固强之；将欲废之，必固兴之；将欲取之，必固与之。是谓微明，柔弱胜刚强。鱼不可脱于渊，国之利器不可以示人。翻译出来，就是：想要收敛它，必先扩张它；想要削弱它，必先加强它；想要废去它，必先抬举它；想要夺取它，必先给予它。这就叫作微妙而又显明，柔弱能战胜刚强。鱼的生存不可以脱离池渊，国家的刑法政教不可以向人炫耀，不能轻易用来吓唬人。

同理，班主任面对调皮、强势的学生，也不可用自身的强硬去应对学生，那会使事情变得越来越糟糕。

四、不全盘接受或否定，形成自己的风格

孔子曾经说过：三人行，必有我师。即使是因为班风不正，导致学校领导在中途强行换班主任，也不要对以前的各项工作采取全盘否定的态度，更不要经常批评或是有意贬低前任班主任的工作，这样会降低新班主任

的威信。

　　强行换班主任的班级情况一般是：原先的班主任与部分学生相处不太好，这些学生甚至在新的班主任面前，说以前班主任如何如何不负责任，将班级纪律差、成绩不好等都归因于以前的班主任。但是，请不要忘记，班里还有一部分学生是同情自己的原班主任被"撤换"的。这时"后娘"最忌讳的做法，就是跟着不喜欢原班主任的学生一起抨击以前的班主任。这样做的弊端，首先是恶化同事关系，须知"铁打的营盘流水的兵"，同事之间相处不好，会影响我们的心情，甚至生活质量；其次是容易让学生养成遇事"外归因"的思维方式，最终成为自己成绩不好的借口。远不如因势利导。学生既然能感恩以前的班主任，自然会更加感谢现在的班主任。陪伴学生养成感恩生活的习惯，善莫大焉。

五、利用心理期待，做好情感铺垫

　　中途接班，学生面对新的班主任往往会充满新的期待，即使是平日里经常犯错误的学生，也会在新班主任上任之初尽可能少犯错误，以期望给新班主任留下良好的第一印象。我们一定要充分利用这种心理期待，做好情感铺垫。

　　那一年，我中途接了一个二年级的班，原班主任平日里以严厉著称，当得知我要成为新班主任的时候，班里的学生都抑制不住心中的兴奋。我以班主任的身份第一次走进教室时，虽然不是上课时间，学生们却都齐刷刷地在座位上坐好了，笑盈盈地看着我，眼神中充满了期待，似乎又站在了新的起跑线上。我本想把从原班主任那里了解到的情况在班级讲一讲，以警告那些不思进取的学生别掉以轻心，告诫优秀的学生不要骄傲。可看着这一双双充满期待的眼睛，我情不自禁地改变了主意。我放松板着的面孔，微微笑了一下，告诉大家，学校领导、老师是如何夸赞他们每一个学生的，并对学生们提出了新的希望。同学们精神抖擞，眼中放光。后来，班里学生真的都很努力。我便总是及时地鼓励他们，真诚地欣赏他们，对他们过往的不好表现一概不提。后来，一位超常进步的后进生问我："老师，我以前是逃课大王，您知道吗？"我笑着说："有所耳闻。"她吃惊地说："那您怎么在接班第一次的讲话中说咱班所有同学表现都特别好呢？"我说："现在你们表现真的很好啊！"她说："您那次说咱班无后进生，后来课间跟我谈心还夸我懂事，我以为您真不知道我是后进生呢！我这段时间生怕露出了后进生的尾巴。"我笑着说："你至今没把后进生的尾巴露出来，就说明你不是后进生。"她顽皮地说："是您没有给我留露尾巴的机会呀！"

所以，接手新班之初，要顺应孩子新的期待，不要揭过去的老底。使学生们感到我们并不了解他们的过去，能充分激发学生的潜能，让每个学生都拥有要做得更好的信心。

刘老师，我相信每个学生都有向上、向善之心。按照孟子的说法，每个人都有恻隐之心、羞恶之心、恭敬之心、是非之心，这"四心"就是人类的文化规范——仁、义、礼、智的萌芽和根本，是我们"后娘"班主任屡败屡战的理论支撑和力量源泉。也许有人会觉得我这儒家弟子的说法过于"迂腐"。那么我们退后一步，按照一些现代教育专家所说，每个学生心头都有一根魔鬼琴弦和一根天使琴弦，我们做班主任的，应该尽量帮学生拨动他们的天使琴弦。

可惜的是，很多时候，我们没有把学生向上、向善的心激发出来，尤其是在中途接班的时候。由于未成年学生的幼稚、误会、偏见、意气等，往往导致师生之间的隔阂越来越大。认真想一想，学生的心眼固然小了些，思维简单了些，做事荒唐了些，底子薄弱了些，客观原因不尽如人意些，但我们接班失败的"后娘"，是否也有做事失当的时候呢？面对失败，是否应该先从自身原因谈起呢？

只要您能敞开胸怀，对原先的班主任做到客观评价，对有逆反心理的学生做到宽宏大量、真诚相待，从细节做起，从自身做起，每天都在唤醒学生心田那颗善的种子，您由被排斥转向受欢迎，就不是凑巧，而是必然。学生心田那颗善的种子一直存在，它在黑暗的泥土里沉睡时，我们自然是发现不了的。但只要我们有耐心、恒心、诚心、爱心，它迟早会被唤醒，会开出美丽的花，结出芬芳的果。让我们相信自己，相信奇迹，相信人心都是肉长的。

希望这些建议能对您有所启发！

您的朋友　李迪

我被学生"炒了鱿鱼"，怎么办？

李老师：

　　您好！

　　我是万般无奈，不得不打扰您了。学生把我从讲台上撵下来了，这是我从教二十年来从来没有遇到过的事情。原因是上课时学生的手机响了，我停了学生的课，当时班长竟然说没有听见声响。为了扭转班风，我写了一封辞职信，结果全班一致同意我辞去班主任一职。投票时我不在场，据说是让学生站起来表决。第一次有学生没有站起来，又让站第二次，第二次学生都站起来了。最后学生和我较劲，说没班主任比有班主任还好，就这样一直僵着。全班67个人，上周课间操就27个人参与，在全校师生面前丢死人了。下周一我该怎么引导呢？我看了您的书，也向学生道了歉，可是不太管用，晚自习走了38个人。我想死的心都有了。这次调查清楚了学生是有组织的，分四拨逃课。有看热闹的，有捣乱的，有坚持的，现在支持我的人不到半数，不过我也不敢肯定这些人是不是真的支持我。学生主要是觉得我的方法太强硬，我在班里说我可以改，可是逃课的学生仍然很多，怎么办呢？

　　我觉得特失败，有种从来没有过的挫败感。真的。

马老师

马老师：

　　您好！

　　非常感谢您对我的信任，您现在心情如何？班级情况怎样？人一生难免会遇到种种困惑、挫折，这些都不算什么。现在，我们需要痛定思痛考虑一下事情的缘由究竟是什么，您应该怎么办。也许我有的话说得会比较直爽，还希望您别介意，最主要的是分析一下以后该怎么办。您可能需要转变教育理念，我向您推荐老子的《道德经》，里面有一句话，我特别欣赏——"治大国若烹小鲜"。老子的意思是：管理一个国家，就如同煎炸小鱼，不能乱炒乱翻、过于干涉，否则小鱼身上的刺被搅乱，您不仅吃不到鱼肉，还有可能被鱼刺扎得满嘴流血。其实，不仅仅"治大国若烹小鲜"，治班级也同样如烹小鲜。

接下来我们分析您的案例。

通过阅读您的叙述，我觉得您的性格可能比较要强，爱较真，在学生面前很强势。这件事学生显然有过分的地方，而您的做法欠妥之处有以下几点。

首先，学生手机响了，但他不承认，班长也包庇这个学生，审时度势，追究不出来什么，那就不必再追究了。给学生一个台阶，也是给自己一个台阶，何必要生那么大的气呢？很多时候，为了争论输赢，却伤了师生感情，这是不可取的。班级管理讲究"难得糊涂"，班主任切不可过于较真，也不必过于明察秋毫。我们都知道学生身上有刺，但学生不让别人碰那些刺，我们又何必非要去碰？

其次，您说自己为了扭转班风，写了辞职信，但您没有分析当时班级的情况。倘若师生没有一定的感情基础，甚至学生正在反感您，是万万不可写这样的信的。当然，如果确信自己平时做得非常好，而学生又确实犯了很大的错误，矫情一下，也是可以的。但这个班级显然不适合这样矫情，毕竟您当他们班主任的时间还不长。

再次，您也许没有意识到，您虽然向学生道了歉，但学生感觉不到您的诚意，因为您还在私下里调查是谁在坚决反对自己。这同样属于"烹小鲜"时的乱搅乱翻。老师既然道歉，就不要再追究了，否则会显得没诚意，更令学生反感，甚至令学生担心老师事后"报复"自己。这是导致您"骑虎难下"的另一个重要原因。

最后，您反复在强调的是"丢人"，显然您很在意领导、同事对自己的评价。这就难免让学生抓到您的弱点——您不是怕丢人吗？我就丢人给别人看。所谓"无欲则刚"，我在想，倘若我写了辞职信，学生竟然同意我辞职，我肯定会伤心欲绝，同时流泪与学生辞别，只真诚地说："同学们，我写辞职信本来是吓唬你们的，没想到大家如此反感我。好吧！只要你们能有一个好的前程，老师愿意辞去班主任职务。我会和你们新的班主任交接好所有工作，同时，无论同学们将来有什么困惑、麻烦需要我的帮助，只要我能帮，我都会不遗余力。"这样以退为进，说不定效果更好。这也是老子的观点。

对您此次的挫折，我感同身受。我也担心自己的回复不合适，为此，我特地向全国著名的班主任工作研究者王晓春老师求助。当然，我不会告诉他您的真实姓名，他给我的回复如下（我的网名叫初荷）。

初荷老师：

您好！这位老师初到一个学校，不知水深水浅，也不注意审时度势，可能也没注意周围老师是怎么工作的，就盲目推行自己过去的经验，而自己过去的工作对象恰恰与眼前的学生很不相同。这样，师生矛盾就一天天积累，暗流涌动而教师浑然不知，太不敏感了。其实这是可以通过学生的言行和眼神看出来的。教师严重不了解下情，严重脱离群众，连"基本盘"都失去了，还盲目乐观，以为自己一宣布辞职，学生就会惋惜或害怕，结果遭遇大尴尬，下不来台。这是一个严重的教训。它告诉我们，教师虽然每日接触学生，工作未必真接地气，也不一定有自知之明。我想这位老师如果能记住这个教训，会受益终生。

可现在怎么办呢？有两个选择：辞职换班；坚决顶住，继续工作。在哪儿跌倒就在哪儿爬起来当然是很好的，但是眼前处境下走这条路需要几个条件：一是学校领导的强力支持，二是其他科任教师的支持，三是要求本人有较强的应变能力。如果没有这些条件，坚持下去恐怕情况会更糟。因为教师本人非常焦虑，急于求成，很可能办更多的错事，甚至出现心理问题。所以，如果坚守阵地的条件不具备，可以考虑撤退，先不做这个班主任了。当然这样有些丢面子，但是两害相权取其轻，或许比较明智。静下心来总结教训，学习提高，以利再战。

这位老师可能希望有人能告诉她几招，立刻转败为胜，这不大可能，除非有高人在她身边，不断面对面加以指导（网上指导怕不行）。我还建议这位老师留心一下自己在教师中的人际关系，看看他们对此事的反应，这很重要。教学水平也很重要。

初荷老师的回复都很好，越来越有经验了。我的以上意见可以给这位老师参考。

王晓春

马老师，您看您还有什么需要帮助的吗？我非常乐意帮助您，王老师也会不遗余力地帮助您的。不过，我知道您这几天肯定非常难过，振作一下吧！我和王老师都在关注您。我们的建议仅仅供您参考。我个人认为，您还是调整心态，坚持下去。咱们的学生就是这个样子，再不要和您以前的学生相比了。

祝您一切顺利！

您的朋友 李迪

附：

韩蕴老师在看了我提供的这个案例后，在"职教班主任茶座"微信群里留言说：

李老师讲的这个案例给我几个启示：

（1）班主任接手新班级，首先要打破旧有经验的思维定势，以前的办法管用，换了教育对象未必管用。

（2）接手新班，要多观察，慎行动，尤其不要先入为主地贴标签，这是个"后进班"，这是个"问题生"等。

（3）亲其师，才能信其道。接手新班，唤醒共情比树立权威更重要。想先给学生一个下马威的老师即使暂时压制住了人，也收服不了心。

（4）遇到突发事件，班主任需要冷静的教育机智，任性不得。和青春期的孩子不能比任性，只能比成熟；不能比冲动，只能比镇定。

（5）班主任的面子没那么重要，真诚的道歉反而是一种温柔的力量，有时得当的退让和示弱更能打动人，师生关系不是博弈，无谓输赢，成长才是硬道理。

（6）没有常胜的班主任，其实遇到挫折和尴尬、困顿和失误都是常态，这恰恰是暴露问题、反思自我的好机会，其实许多班主任遇到的教育困境不仅是方法困境，从深处看，甚至是班主任学养修为、个性处事的困境。在面对学生的问题，思考问题和解决问题时，更能看出来一个老师的价值观。

把握不好批评学生的"度"，怎么办?

李老师:

您好!

作为班主任，我们不可避免地要批评学生，但是，我在批评学生的时候，说得轻了不管用，说得重了学生就跟我犟，故意顶撞我。我们如何把握批评学生的"度"? 您有什么好的建议吗?

牛老师

牛老师:

您好!

看到您的来信，我马上想起周一在我们学校升国旗的时候发生的一件事情:

年轻班主任刘老师气冲冲地把一个男孩从队伍里拽出来，一脸严肃地冲他吼道:"张明，你怎么回事啊，上周刚表扬了你，今天又在队伍里捣乱，真是狗改不了吃屎。"刘老师越说越起劲，眼瞅着升旗仪式马上开始才意犹未尽地问道:"我说的都记住了吗? 给我重复一遍。"张明照本宣科地重复了一遍，才被恩准回到队伍里。

升旗仪式结束，我随着张明的班级往回走，只听班里的几个男孩子冲他打趣道:"张明，真有一套啊，班主任啰唆了那么多废话，你竟然都记住了。"张明撇了下嘴小声说道:"你们还不知道咱那个班主任的习惯吗? 每天翻来覆去、颠三倒四就那几句话，我早已经背下来了。"队伍里顿时爆发出一阵哄笑声。

看着学生们远去的背影，我站在原地沉思良久。班主任在日常工作中难免会遇到"张明"式的学生，针对他们的批评少不了，但是批评不是简单地训斥，批评的方法如果不当，很多时候可能不仅达不到理想的效果，反而会让师生的心理距离越来越远。为此，我们想要批评一个学生的时候，一定要像备课一样，认真考虑批评的方式、方法，要结合面对的具体学生，把批评过程中可能出现的情况、批评后可能产生的效果、对班级可能产生的影响都事先考虑进去，甚至把要说的每一句话都先斟酌一番。

那么，我们应该怎样准备批评呢？

一、备时机——批评的时机要适当

首先，不宜在早晨批评学生。早晨是学生一天学习生活的开始，孩子们高高兴兴地进班学习，老师如果因为一点小事（如迟到几分钟、作业没做完）就大批一通，那么孩子一天的心情都会蒙上阴影，学习效果可想而知。批评最好在放学前进行，对学生的表现予以总结，对不好的现象提出批评。

其次，不宜在学生刚进步时进行批评。有些学生成绩较差，即使他们做出努力，短期内也可能提高不快。如果老师硬把他们和优秀生相比较——"你看你又做错了几道题！"孩子刚燃起的学习热情可能又被扑灭了。作为一名老师，应多鼓励孩子——"真棒，你今天做得真好！"孩子也会不断地积累信心，最终走向成功。

我的工作室中的李爽老师非常优秀，他们班的学生积极阳光又团结，但是可能因为学生性格过于活泼，且个性张扬，每次纪律卫生评比，名次总是很靠后，甚至有几次得了倒数第一。忽然有一次，他们班在评比中得了全校倒数第二，李爽老师非常开心，喜滋滋地来到教室，说："同学们，我是不是该表扬你们了？"学生说："为什么啊？老师。"李爽说："这次咱们班的纪律卫生不是倒数第一，是倒数第二，我们进步了。"学生说："老师，瞧您这话说的，好像是在损我们呢！"李爽说："不是损你们，是真心的。那咱换个说法吧！以前咱班纪律卫生是年级第八名，现在咱进步了，得了第七名。我们为自己鼓掌，以后继续加油啊！"

全班同学哪有不继续加油的！所以，在学生正进步的时候，就算没有达到我们预期的目标，就算又犯了错误，就算只是得了倒数第二，也不可马上批评。

在前文案例中，班主任刘老师在周一的早晨就对张明大批一通，显然是不合适的。加之张明上周刚因为进步得到表扬，此时的批评就如一盆冷水浇灭了孩子渴望进步的火苗。刘老师的做法值得商榷。

二、备地点——批评的地点要适宜

首先，如果不是特别需要，请不要在全班同学面前反复批评一个学生。孩子都是有自尊心的，如果在集体场合反复批评他，他会觉得很没面子，甚至会产生抵触心理。孩子做错了什么，老师可以把他叫到一边，告诉他哪里做错了，应该怎么做。孩子感受到老师对他的尊重，更有利于改正自身的错误。

其次，不宜在家访时批评学生。作为一名老师，家访是经常性的工作，如果在家长面前批评学生，学生会感到非常羞愧，家长也会感到难堪，并不利于学生的成长。教师家访时应多对孩子提出表扬，让孩子产生自信，并适时提出希望："你如果能按时到校就更好了！"由此学生会不断产生前进的动力。

刘老师在学校操场上当着很多老师和学生批评张明，让张明感到很没面子，就算老师说的再对，批评效果也不佳。

在此案例中，刘老师如果在升旗仪式结束后单独批评张明，效果可能会更好。

三、备问题——批评前运用开放式询问

询问分开放式询问和封闭式询问。开放式询问提问的是"为什么"、"怎么办"，是用于了解事情原委的；而封闭式询问是提出一个选择性问题，问"是不是"、"对不对"等，学生只要回答"是"或"不是"就可以了。班主

任在批评学生的时候，首先不宜对学生只宣泄不满，不倾听学生心声。其次不能过多运用封闭式询问。比如，我们看见一个学生又一次迟到了，忍不住火冒三丈："你又迟到了是不是？"学生只能回答："是。""你就是想气死我是不是？"学生只能回答："不是。""你故意想让咱班被扣分是不是？"学生直接就不理我们了。正确的询问是："发生什么事情了？怎么来得这么晚？"对这样开放式的询问，学生便不能用一个"是"或"不是"来回答。当学生在解释的时候，作为一名优秀的教师，应学会倾听。搞清楚这个学生是有意为之还是不慎犯错？应当让学生做一番辩解，以澄清事实。如果老师不分青红皂白，对学生当头棒喝，可能会使他们产生逆反心理，甚至走向极端。

我们在批评学生时容易出现的问题是：打断学生的话，做道德或正确性判断，或急于下结论，轻视学生的疑虑。

在上述案例中，小刘老师批评张明"真是狗改不了吃屎"，显然是措辞失当。作为一名班主任，应禁止对学生恶语相向、盖棺论定，更不能一棒子打死。只有尊重学生，才会赢得学生的信任。

四、备性格——适当的强硬也是必要的

比如，职业学校的招生一向是大问题，好不容易把学生招来，最担心的是他们流失掉。所以，有的学生就抓住了学校这一"软肋"，动不动拿"不上学"来要挟老师。

2012年的一天下午，班长门都没敲就闯进了办公室，上气不接下气地对我说："李老师，快到教室去，秦妍不想读书了，正背着书包要回家呢。"

我把秦妍叫到办公室询问缘由。秦妍说昨晚帮父母做家务做晚了，没时间完成家庭作业，学习委员要她今天补上，她觉得太辛苦，就不想再读了。

我搬来一张凳子，请她坐下，轻言细语地对她说："你能主动帮父母做家务，说明你是个懂事的孩子，但每个人都有自己的责任，不能因为辛苦就不去做。你父母在建筑工地打工很辛苦，但他们没有放弃，因为他们肩负着养育你的责任；老师教书也很辛苦，可老师也没有放弃，因为老师肩负着

培养你们的责任；社会上其他人也很辛苦，他们同样都没有放弃，因为他们要为家庭为社会尽责任。你也有责任，你的责任就是努力学习，认真完成作业。"

我倒了一杯茶给她，继续说："你为了报答父母的养育之恩帮他们做家务，这是对的，但要留出做作业的时间，这样成绩才会优秀，才是对父母最好的报答。"

秦妍的表情开始变得不自然，喃喃地说："以后我会按时完成作业，不再做不负责任的事。"我窃喜自己三言两语就做通了她的工作。可好景不长，两星期后，秦妍因为没有参加大扫除，受到班干部批评，再次背着书包要回家。我再次晓之以理、动之以情地做工作，也再次成功地留住她。后来秦妍又因为其他的事，两次闹着要回家，我又两次劝回她。

秦妍为什么会这样，是我的教育出了问题吗？我细细回想每次的谈话，回想每次谈话后对她的跟踪教育，没发现什么不妥。她是为了引起老师的关注才这么做的吗？

接下来秦妍因为迟到被纪律委员记录，又故伎重演，嚷着要回家，试图挣脱劝阻她的班干部们。我闻讯后赶到教室，大声吼道："你今天要是走出这个教室，以后就别想再回来，如果你执意要做一个没有责任心的人，一个放任自由的人，就尽管走，老师绝不留你。"秦妍被震住了，教室里出奇的安静，班干部们松开了手，秦妍愣愣地站在那里，没有挪开脚步。在以后的日子里，秦妍有过违纪现象，受到过批评，但她再也没有闹着要回家。

所以，我们不能把学生想得过于单纯。学生所处的文化环境、家庭背景不同，思维方式、承受能力、性格特点、生活经历不同，所以对他们的批评教育不能一概而论，有时需要和风细雨，有时也需当头棒喝。正如刘欢歌中所唱：该出手时就出手。

不过，两年后，我有一次遇到一个学生动不动拿"退学"要挟我，我恼了，说："你要走，我绝不留。"谁知，她真的冲出了教室，我急忙给班干部使眼色，让班干部去拦截。又跑到教室外给门卫打电话，让门卫无论如何不要放这个孩子出校门。同时和家长联系，告诉他们我和孩子谈崩了，让他们劝孩子千万不要退学。

这样一番"双簧"唱下来，孩子果真没有离开学校，也不再动辄拿"退学"要挟我了。

应该说，第一个要挟我的孩子，是因为在要挟后，得到了老师更多的关注，尝到了"甜头"，所以不止一次地要挟；而第二个孩子，却是真正的倔脾气，我们可以强势，但别忘记初衷不是赶学生走，所以要唱好"双簧"。

五、备方式——拐个弯儿，也可以让批评直指人心

这是我听说的一个真实的故事。

大约十年前，朋友班里有一个学生特别聪明，但是不爱学习，成绩一直处于下游，时常违反纪律，对她批评过几次，也没什么效果。直到有一天，她的父亲到学校为她送钱和馒头。望着面前这位老人那布满沧桑的脸庞，朋友感到一丝酸楚，她不忍心把孩子在学校的表现告诉他，就问他早上几点从家出发，坐车方便吗。他说早上不到五点就从家开始走了，没有坐车，舍不得那几块钱的车费。天哪，刚下过大雨，道路泥泞可想而知，而这位年近六旬的老人竟然能在泥泞中步行几十里路来为孩子送钱，虽然只有很少的几十块钱……朋友忽然想到，她的学生能体会到父母的辛苦吗？课下，朋友把这个学生叫到办公室，对她简单地批评了几句后，问了她几个问题：你知道父亲每一次为你送钱是怎么来的吗？父亲来看你一次要走多长时间？你来学校是怎么来的？她回答说知道父亲是走着来的，但是每一次要走多长时间不知道，而她自己每一次都转两次车来。朋友就对她说，这一次过星期天的时候，你步行一次吧，体验一下，看步行一次需要多长时间。

周日晚上，朋友问她："你步行了多长时间？"她哽咽着说："周五中午十二点半从学校离开，晚上七点多到家。周日返校的时候是早上九点多出发，下午四点多到校。"她接着说："我从来没想到路途这么遥远，以前从没想过父亲拖着那受过伤的腿是怎样来为我送钱送饭的，我以后一定要好好学

习，不能再让父亲伤心了。"

我知道，这种"无声胜有声"的批评，不一定适合所有学生，却是最适合她的批评。因为这是朋友专门为她准备的批评。

六、备心理——用心理学中"面质"的技巧批评学生

在心理学中，面质又称质疑、对质、对抗、正视现实等。它要求我们思维缜密、逻辑性强，避免冲动，给学生做理性的榜样。

比如，有一次我到某男生班上课，听到年轻的女班主任在发脾气。原来，这周这个班某寝室学生值日打扫宿舍楼道卫生，按照学校规定，中午可以晚进教室十分钟。没想到，值日生竟然利用这个特权，在该起床的时候不起床，导致宿舍楼道卫生没有打扫好。

因为马上要上课，班主任匆匆发了一通脾气离开了。我走进教室，发现那几个值日生嘻嘻哈哈的，似乎不为班主任的批评所动。我便明知故问："被批评了？"他们点头。我说："我同情所有被批评的学生。"值日生像遇见知音一般感动，我便真诚地叫他们站起来，问："你们恨贪官吗？"

值日生说："恨！恨之入骨。"

我说："你们为什么恨贪官？"

值日生："因为他们利用自己的特权，贪污老百姓的血汗钱。"

我说："我觉得你们不恨贪官，你们恨的是自己为什么没有机会贪。"

值日生笑道："老师，您怎么能这样说我们？"

我说："你们不过是当了个小小的值日生，就开始利用可以晚到教室的特权享受了，将来一旦当了官，手里有了特权，那还了得？进局子是迟早的事。所以，我们要反贪，首先就从不迟到、不享受特权开始。"

学生纷纷表示认可。在这里，我就运用了面质的方法，指出了学生身上存在的矛盾：你说你恨贪官利用特权贪污，怎么你自己也在享受特权？这样的质问，会让学生心服口服。

我们在运用面质批评学生的时候，要指出的学生的矛盾一般归纳如下：

（1）言行不一致。比如，老师可以对学生说："你说你讲义气，可是你对我没有讲义气，你的行为让我为难。"我们这样说，仅仅是对"事"而不对"人"，有利于学生接受建议，并进行深入思考。

（2）理想与现实不一致。例如："你说你体谅父母的苦，但你知道不知道父亲每次为你送钱要步行多久？你在学校还不好好读书，这也是你体谅父母的表现？"

（3）前后语言不一致。比如对撒谎的同学，我们可以说："你说你上次有一门功课不及格，怎么现在又说及格了呢？"

（4）交流意见不一致。比如对那些自卑的同学，我们可以说："你说自己没一点优点，可我觉得你挺可爱的。"

教师对学生使用面质的目的在于协助学生促进对自己的感受、信念、行为及所处境况的深入了解，在使用时务必谨慎，要注意以下几点：

（1）要有事实依据。在事实不充分、不明显时，一般不宜运用。

（2）避免个人发泄。面质是为了澄清问题，促进学生成长，不应变成教师发泄情绪的工具。我很遗憾地看到，很多老师批评学生时都是在宣泄、发泄自己的不满，没有科学成分，极不理性。这样的批评只会让老师自己的火气越来越大，对学生的教育效果却好不到哪里去。

（3）避免无情攻击。面质应该以关心、理解学生为基础进行，而不是为了显示老师多么智慧，语言多么流畅。有时候，我们的老师过于强势，说得学生哑口无言。我们在语言上虽然胜利了，师生之间的隔阂却加深了，学生在行为上依然我行我素，这绝不是我们的教育目的。

（4）面质要以良好的师生关系为基础。我们应该是在赢得了学生充分信任的基础上，再用面质。

最后强调的是，学生闯祸后，有的学生很冲动，教师没有把握赢得他们的信任，不敢运用面质，这时不妨运用"尝试性面质"。比如，我曾遇到过一起学生打架事件，在我基本调解结束的时候，参与打架的一个学生的哥哥却带了三四个社会上的人气势汹汹地来学校找我，扬言说，我若不保护他妹妹的安全，他将带十多个人来学校打架。我当时不能确信这个学生的哥哥是否信任我，便用"尝试性面质"说："不知道是不是我误会了你的意思，你刚才说要带十几个人到学校来保护妹妹。但是，如果和你妹妹打架的女孩子看到你带的十几个人，势必会请人保护自己，这样你的妹妹似乎就更不安全了。是不是这样呢？"这里我运用了"似乎"这一不肯定的用词，而开始又先说明自己可能误会了对方的意思，最后又用问话来结束，这样的面质就为学生的哥哥留有了余地，即使问错，他们也能感受到被尊重，不至于反感我的面质和批评。

希望能对您有所帮助！

您的朋友　李迪

不知道怎么和学生聊天，怎么办？

李老师：

　　我知道一个优秀的班主任，必然是善于和学生聊天的老师。然而，我总觉得自己和学生之间有隔阂。我到底应该怎样和学生聊天呢？聊天时又能聊些什么？我若放下身段和他们一起玩儿，学生会不会冒犯我？对此，您有什么好的建议吗？

袁老师

袁老师：

　　您好！

　　非常高兴和您探讨关于和学生聊天的话题。现实中，我们常常会发现有些老师特别受学生欢迎，大家都愿意和他们谈心，这样的班主任也总能对班级问题对症下药。究其原因，可能是这些老师掌握了与人沟通的技能。我们不妨来参考学习心理咨询中的一些沟通技巧。

　　在心理咨询中，咨询师的沟通能力非常重要，沟通可以分为"参与性技术"和"影响性技术"两种。

一、参与性技术

　　参与性技术，就是通过倾听、询问、共情等方式，让学生感觉到教师能体会他们的苦恼。

1. 倾听

在与学生沟通的过程中，最重要的是倾听。

记得在 2008 年汶川大地震以后，范美忠老师因为写了一篇文章，引起网上骂声一片。这件事情发生不久，凤凰卫视录制了一期《一虎一席谈》，邀请范美忠老师和社会各界人士——教师、校长、心理学家、社会学家，还包括激烈反对范美忠老师的郭松民老师。节目中，郭松民老师一次次打断范美忠老师的话，批驳范美忠老师说："我见过无耻的人，没见过像你这么无耻的人……如果你都可以当老师，那么任何一个兔子都可以当老师了。因为兔子遇到危险，只会想着自己先跑。"

后来，我把这个视频播放给学生看，问他们："如果让你在这些出场的老师里选择班主任，你最不喜欢让谁当你的班主任？"

学生纷纷表示最不喜欢让郭松民老师当自己的班主任。

我当时非常震惊，问："为什么？郭老师高举道德的旗帜，要求我们在危难来临之时，舍弃自己的生命，保护你们呢！他愿意把命都给你们，你们为什么不愿意让他当班主任？"

学生非常激动地说："他都不听人家范老师把话说完，总是打断别人的话。"

这让我想到，学生最喜欢的班主任，是听他们把话说完的班主任。甚至你为他们未老先衰，为他们牺牲健康和家庭，他们都不喜欢，他们只要我们听他们把话说完。

但是，在现实中，当学生违反纪律时，我们是否真的做到了认真倾听呢？真正有效的沟通，要求我们不但要听，而且还要有适度的反应——目光专注、点头等。甚至仅仅有专注、点头还不够，还要问一下自己：我真的听懂他的意思了吗？

在倾听时最忌讳的，是把自己的想法投射到对方身上。在倾听时最容易犯的错误是，打断对方的话，做道德或正确性判断。

在凤凰卫视录制的《一虎一席谈》中，范美忠老师说地震发生的时候，自己并不是有意不喊学生快跑，而是太紧张，忘记了喊。郭松民老师当即打断他，很武断地说："你喊都不喊一声就自己先跑，你就是害怕学生挡住你的路。"但是，后来事实证明，光亚学校是一所私立学校，一个班级学生也就十几个，根本不存在挡路问题。郭松民老师的这一说法，让学生非常反感，甚至有人说："他怎么跟我妈一样。有时候我和我妈争辩，明明是我有理，我妈总是打断我的话，不讲逻辑，说着说着就成了她有理。"

2. 询问

在参与性技术里，除了倾听，还有询问。在《把握不好批评学生的"度"，怎么办？》一文里，我们已经简要谈过封闭式询问和开放式询问。封闭式询问指的是，老师提出选择性问题，然后询问：是不是？对不对？要不要？主要用于强调重点。开放式询问是指老师顺着家长或学生的问题询问：为什么？如何？怎样？主要用于了解动机、原委、因果、感受等。如果我们想让学生多说话，最好用开放式询问。如果我们在和学生交流中，发现学生不太吭声，一定要想一想，是不是自己的提问方式出了问题。

3. 共情

现实中，我们常常发现学生很乐意跟某个老师谈心，却在另一个老师面前出现沉默（即抗阻）现象，让沟通变得非常困难。究其原因，是前者善解人意、通情达理，能设身处地为学生着想。换句话说，受学生欢迎的老师，必定是能与学生产生共情的老师。

按照罗杰斯的观点，共情是指体验别人内心世界的能力，包括三方面的内容：（1）教师借助学生的言行，深入对方内心去体验他的感情、思维；（2）教师借助于自己的知识和经验，把握学生的体验与他的经历和人格之间的联系，更好地理解问题的实质；（3）教师把自己的共情传达给对方，以此影响对方并取得反馈。

如果老师缺乏和学生的共情，就可能让学生认为老师对自己不理解、不关心，因而会感到失望，减少甚至停止向老师求助。同时，当我们的一片热情没有被学生接纳的时候，可能会表现出不耐烦、反感，不能真正了解学生的问题与需要，因而做出的反应常常是无效的。

在这里我们需要明白的是，最简单的共情是重复。比如，学生说："该考试了，好烦闷！"老师可以重复："是啊，该考试了，你想轻松快乐一点。"这样的重复表达会让学生产生被同情的愉悦，并拉近师生的距离。如果老师回答："从小到大经历了多少次考试，有什么好烦闷的！你看××，人家多乐观。"或者说"烦闷什么呢？反正逃避不掉的。与其烦闷，不如接纳"，这话是真理，但这样的真理会让学生越发难过，干脆什么也不说了。

所以，很多有经验的老师都掌握了和学生聊天的一个秘诀——多说"没错"！

比如，内向和自卑的玲玲不知什么原因脸色不好，课间一个人在座位上生气，我故意走到她面前借她的笔用，在感谢她的同时问她那么出神想什么呢？"没什么，天气不好，有些郁闷。"这女孩儿从不愿轻易说出自己的心事，看来她并不信任我，没打算说出自己的心事。"没错，你说的很有道理！天气能让人心情变坏，不过，心情也能让不好的天气别有意境和趣味呀！可爱的女孩儿！"她有些惊异地看了看我，眼睛恢复了明亮，一会儿眉毛扬了扬说："让一切都烟消云散吧！"我拍拍她的肩膀："没错，我相信你会处理好的！"玲玲点点头。事后，偶然一次打招呼后，玲玲主动和我聊起那天的事情，说在家父母批评了她，到校以后班上有个同学取笑她长得丑，给她起外号，她感觉活着太没意思了，心情坏到了极点，是我的两个"没错"和"可爱的女孩儿"让她转变了心情，不然，说不定会出什么事呢！

原来，简单的两个字——"没错"使学生感到了尊重和平等，平复了心情后就能做出理智的决定，也能在老师的"没错"中体会到爱，从而反思自己。这招儿好使！再试试那些另类学生，看看灵验不灵验！

机会来了，班里的狡辩大王张浩和西西又违反班规了，听完他们各自找的违纪理由，我一改往常的质问，缓缓地说："没错，你们说的很有道理，咱们不妨根据你们所说的，盘点一下各自的收获。"然后让他们制定下一步的方案并说出理由，每说一点我都说："没错，就应该这样办！"下一次如法炮制，结果，他们的错误竟然越来越少了，时不时还主动跑来给我提建议，我仍是："没错，你们想得很好，能不能修改一下，如此这般更好一些？"于是，进步的名单中也开始频繁出现他们的名字了。有一次一个学生在周记中提到：今天和老师聊天很开心，我每提到一个观点和疑问，老师都会用"没错"给予肯定，然后我们共同讨论，感觉和老师的距离更近了。

谈话是一种互动，是一种思想、观念、情感的交流，传递的是彼此的真诚和信任，一句"没错"让师生之间缩短了距离，让内向的学生有了说下去的勇气，让外向的学生更能畅所欲言，让学生感受到了老师的真诚和信任，有了真诚和信任，聊天也就能够直达内心，教育也就有了意义。愿老师和学生聊天时多说"没错"两个字。因为"没错"这招儿好使！

其实，聪明的您一定看出来了，以上所说的"没错"，就是有效运用了最简单的共情——重复。

更高级的共情，是积极的理解，比如学生因为友情问题倾诉了很长时间，老师在认真聆听后，总结、询问、重复关键的几句："你很看重你们的友情，是吗？""你为这些矛盾而难过，对不对？"学生便会打开话匣子（参照前文《班里出现了各种"小团伙"，怎么办？》）。

罗杰斯谈到心理咨询，曾提出"无条件尊重"的观点，并将其列为求助者人格产生建设性改变的关键条件之一。罗杰斯认为，为了得到帮助，求助者需要知道咨询师是否能够理解他们的想法及感受，如何看待他们的过去及现状。根据双方接纳和了解的程度，求助者才能表达自己的情感及要求。如果求助者感觉到咨询师要居高临下地改造他们，很可能因感到压力而拒绝咨询师的帮助。

在师生交往聊天中，教师的角色也有咨询师的成分。我们尊重学生，其意义在于给学生创造一个安全、温暖的氛围，使他们最大限度地表达自己、发展自己、完善自己。可惜的是，很多老师在聊天中是想改造学生，效果自然就减半了。

二、影响性技术

影响性技术主要是通过面质、解释、指导、内容表达、自我开放等技巧，让学生接受我们正确的价值观的影响。

1. 使用面质技巧

关于面质，在《把握不好批评学生的"度"，怎么办？》里已经有详细的介绍，在此不做赘述。我要提醒的是，苏格拉底是最会和人聊天的哲学家，他与人聊天的主要技巧，就是面质。我们来学习一下苏格拉底是怎样和年轻人聊天的。

苏格拉底和失恋者的对话

苏格拉底（下简称"苏"）：孩子，为什么悲伤？

失恋者（下简称"失"）：我失恋了。

苏：哦，这很正常。如果失恋了没有悲伤，恋爱大概就没有什么味道。可是年轻人，我怎么发现你对失恋的投入甚至比对恋爱的投入还要倾心呢？

失：到手的葡萄给丢了，这份遗憾，这份失落，您非个中人，怎知其中的酸楚啊！

苏：丢了就是丢了，何不继续向前走去，鲜美的葡萄还有很多。

失：等待，等到海枯石烂，直到她回心转意向我走来。

苏：但这一天也许永远不会到来。你最后会眼睁睁地看着她向另一个人走去的。

失：那我就用自杀来表示我的诚心。

苏：但如果这样，你不但失去了你的恋人，同时还失去了你自己，你会蒙受双倍的损失。

失：踩上她一脚如何？我得不到的别人也别想得到。

苏：可这只能使你离她更远，而你本来是想与她更接近的。

失：您说我该怎么办？我可是真的很爱她。

苏：真的很爱？

失：是的。

苏：那你当然希望你所爱的人幸福？

失：那是自然。

苏：如果她认为离开你是一种幸福呢？

失：不会的！她曾经跟我说，只有跟我在一起的时候她才感到幸福！

苏：那是曾经，是过去，可她现在并不这么认为。

失：这就是说，她一直在骗我？

苏：不，她一直对你很忠诚。当她爱你的时候，她和你在一起，现在她不爱你，她就离去了，世界上再没有比这更大的忠诚。如果她不再爱你，却还装成对你很有情谊，甚至跟你结婚、生子，那才是真正的欺骗呢。

失：可我为她所投入的感情不是白白浪费了吗？谁来补偿我？

苏：不，你的感情从来没有浪费，根本不存在补偿的问题，因为在你付出感情的同时，她也对你付出了感情，在你给她快乐的时候，她也给了你快乐。

失：可是，她现在不爱我了，我却还苦苦地爱着她，这多不公平啊！

苏：的确不公平，我是说你对所爱的那个人不公平。本来，爱她是你的权利，但爱不爱你则是她的权利，而你却想在自己行使权利的时候剥夺别人行使权利的自由。这是何等的不公平！

失：可是您看的明明白白，现在痛苦的是我而不是她，是我在为她痛苦。

苏：为她而痛苦？她的日子可能过的很好，不如说是你为自己而痛苦吧。明明是为自己，却还打着别人的旗号。年轻人，德行可不能丢哟。

失：依您的说法，这一切倒成了我的错？

苏：是的，从一开始你就犯了错。如果你能给她带来幸福，她是不会从你的生活中离开的，要知道，没有人会逃避幸福。

失：可她连机会都不给我，您说可恶不可恶？

苏：当然可恶。好在你现在已经摆脱了这个可恶的人，你应该感到高兴，孩子。

失：高兴？怎么可能呢，不管怎么说，我是被人抛弃了，这总是叫人感到自卑的。

苏：不，年轻人的身上只能有自豪，不可有自卑。要记住，被抛弃的并不是就是不好的。

失：此话怎讲？

苏：有一次，我在商店看中一套高贵的衣服，可谓爱不释手，营业员问我要不要。你猜我怎么说？我说质地太差，不要！其实，我口袋里没有钱。年轻人，也许你就是这件被遗弃的衣服。

失：您真会安慰人，可惜您还是不能把我从失恋的痛苦中拉出。

苏：是的，我很遗憾自己没有这个能力。但，可以向你推荐一位有能力的朋友。

失：谁？

苏：时间，时间是人最伟大的导师，我见过无数被失恋折磨得死去活来的人，是时间帮助他们抚平了心灵的创伤，并重新为他们选择了梦中情人，最后他们都享受到了本该属于自己的那份人间快乐。

失：但愿我也有这一天，可我的第一步该从哪里走起呢？

苏：去感谢那个抛弃你的人，为她祝福。

失：为什么？

苏：因为她给了你忠诚，给了你寻找幸福的新的机会。

说完，苏格拉底走了。

苏格拉底和失恋者的对话方式，又叫"苏格拉底产婆术"，因为苏格拉底的妈妈是一个接生婆。他从妈妈的工作中得到启示，明白妈妈没有孩子，孩子是孕妇的，妈妈只是帮助孕妇把孩子生下来。同样，作为教师，我们也不应该把自己的观点强加给学生，而应该引导学生自己去发现真理，做出自己的选择。

一个掌握了面质技巧的老师，必将会和苏格拉底一样，使得越来越多的学生愿意和自己聊天。

2. 自我开放，走进学生的内心世界

自我开放亦称自我暴露、自我表露，指教师把自己的情感、思想、经验与学生共同分享，或开放对求助者的态度、评价等，或开放与自己有关的经历、体验、情感等。

其实，我们成年人都知道，衡量自己和朋友的亲密或疏远程度，就看双方愿不愿意把自己内心的秘密告诉对方。把心中秘密和对方说的越多，说明双方的关系越亲密。因为自我揭露是人际关系发展过程中的一种基本的"社会交换"。人与人交往开始时都只是交换一些浮在表面的信息，要想建立更热络与亲密的关系，就需要更广泛更深入地自我揭露，包括个人隐私、忧虑、弱点、缺点等。只要你敢于自我揭露，对方会因此更喜欢你，而且会回报你，也会向你揭露他的隐私和弱点。所以，很多时候，我们不妨把自己的一些秘密告诉学生，以打开他们的心结。

比如，我的学生小敏努力刻苦，学习成绩优秀，是参加市里声乐技能竞赛的种子选手。正在备战的时候，小敏的表现忽然不在状态，经常迟到、旷课，作为班主任兼辅导教师，我特别想知道其中的原因，可是不管如何询问，她就是一个字都不说。

于是找一个空闲的大课间，我把小敏约了出来，一改以往的询问，而是直接说出了我最近的烦心事。"老师最近很烦，想找个人说说，你愿意当一个倾听者吗？"她沉重地点了下头。于是我一股脑儿地把生活中解决不了的问题，如辅导竞赛的压力，班级中个别学生的问题，儿子成长中的问题一一说了出来，我说完后，内心轻松了很多。小敏说："老师，看您总是那么乐观，没想到您也有这么多烦恼的事啊！您说的学生退步也包括我吧？"我诚恳地点了下头，说："每个人都有生活的烦恼，关键在于你怎样去面对，其

实刚才我说到的所有问题中，最让我操心的是儿子的问题，说句自私的话，学生每年都要换，而儿子是唯一的，这一点对于你的父母也是一样的，你是他们未来唯一的希望。"在我的启发下，小敏终于开口了："老师，您不知道，我父母在闹离婚，我很苦恼无奈，就用逃学来要挟他们。我不敢跟同学和老师说，怕你们歧视我。"终于搞清楚了问题的症结所在，我没有继续以前的说服教育，仅仅表明了我的观点：父母之间的问题由他们自己解决，作为学生，你当前的任务是好好学习，争取在毕业时（中职学校）找到一个满意的单位，拥有自己的事业，或许会缓和他们的婚姻危机呢！

"自我揭露，说我不说你"，先倾吐自己的烦恼，学生也多半会把一些平时不说的心里话告诉我们。如此，更好地陪伴学生成长，便不再是特别困难的事情。

三、凭借活动平台与学生沟通

与学生沟通，除了运用参与性技术和影响性技术，还可以借助课外活动，打开学生的心扉。

2011年，我曾经客串了一下《河南教育》杂志的编辑，收到符礼科老师的一篇文章。他说，那年他担任初一年级的班主任，新生中有个叫小龙的学生，最喜欢顶撞老师。正式开学后，符老师找小龙谈心，从拉家常到谈学习，孩子都小心翼翼，似乎发誓要拉开和老师的距离。第二周的一节体育课上，学生在自由活动，操场上的乒乓球台前特别热闹，符老师远远地看见小龙正在唱主角，走近乒乓球台边的时候，班上又一个高手败下阵来。同学们见符老师过来，都嚷着让老师上场与小龙较量。小龙的球技果然不错，与符老师的比分始终拉不开差距，打到9∶9时，老师停了下来，说还有些事，下次再和小龙切磋。

第二天语文课下课，符老师往办公室走，小龙在后面追了上来，问："符老师，什么时候我们再打啊？"这是他第一次主动找符老师说话，老师微笑着说："好，我会安排时间的，我们还没有分出胜负呢。"

有一天早上，符老师悄悄给小龙说："你早点把作业写完，中午我约你打球，不要告诉别人，就我们俩比赛。"中午，乒乓球台上，老师边打球边问小龙："作业什么时候写的？"他说："下课基本没休息，午饭后再用了一点时间，就完成了。"符老师告诉他，在上中学时，自己曾经得过乒乓球比赛的年级冠军。小龙说难怪你这么厉害。

就这样，小龙对符老师敞开了心扉，家庭情况、学习情况、以前的表现等等，他都如实地告诉了老师。尤其是他在小学时为什么经常顶撞老师，一是因为老师经常体罚学生；二是因为老师经常向家长告状，他也因此被父亲打过多次。他还告诉符老师一个惊人的秘密，小学毕业质量检测，语文、数学两科考上优根本不成问题，但他为了报复语文和数学老师，故意把这两科都考了70多分。他说上课时，表面上看他没有认真听课，其实他很用心，不会傻得拿自己的学习开玩笑。倾听了小龙的心声，符老师对他的教育已经胸有成竹。

孩子天性喜欢活动，如下棋、跳绳、打球等，班主任参与其中，能凭借活动的平台与学生自然而然地沟通，从而了解学生情况，增进师生感情。

比如我本人，喜欢练瑜伽，但年龄大了，柔韧性毕竟不如青春期的孩子。于是，我们就常常在一起互相帮忙练拉伸动作，一边练一边聊天，那是最容易获取彼此信任的方式。

四、借助网络，让聊天多渠道进行

随着时代的发展，网络开始大规模冲击人们的生活，尤其是中职生，几乎人手一部手机。

怎么利用网络拉近与学生的距离呢？

我常常利用QQ空间写一些日记，有时日记里会谈到某某学生进步了，某某学生在努力，但是依然犯了错，其实我也很能理解她……有时候出差在外，我也会写信给学生谈谈我遇到的一些人和事，学生总会第一时间去关注我发布的内容。有时候，我更新慢了，学生会提醒，或者说："老师，您好久没有写我了。"这样的沟通，对班级管理非常有好处。

近几年，大家开始玩微信，与学生的交流更加不受时间、地点的限制。我有时会在睡觉前给爱迟到的学生发个微信："亲爱的，明天早点起床哦！"或者留一句言："你的努力老师都看到了，继续加油哦！"这些孩子在教室里也许不太习惯和我聊天，但是在网上，可能知无不言、言无不尽。

中国人做事讲究"迂回曲折"，明明可以直奔主题，却总是要像舞台上的青衣走台步，绕一大圈，行动处衣美、身美、行动美。但是怎样走，怎样说，怎样做才能达到预期的交流目的，以上种种建议，供您参考。

祝您越来越受学生欢迎。

您的朋友　李迪

孩子不愿意接受大人的合理建议，怎么办？

李老师：

您好！我常常接到家长这样的电话："眼睁睁看着孩子走弯路，还不听大人的劝，真是急死人……"家长这样的心声，常常能引起周围教师的共鸣，大家纷纷感叹，现在的学生犟得很，根本不听大人的话。对此您有什么好的建议吗？

宋老师

宋老师：

您好！

收到您的来信，我首先疑惑的不是"孩子不听大人的合理化建议，怎么办"，而是"孩子为什么不愿意听大人的建议"。认真思索，不难发现，孩子不听大人的建议，原因不外乎两个：大人的问题；孩子的问题。

一、基于大人原因的建议

比如家长或老师自认为对孩子的建议合理，其实不一定合理；或者家长和老师的建议确实合理，但是建议的方式让人难以接受。这时，我们依然有两个方法可以选择。

1. 借助班会，加强家长和孩子的沟通

有一天晚上，小青的妈妈打来电话求助："老师啊，我求您一件事，最近小青特别不听话，我说什么她都不听，一批评她，她就跟我耍小脾气，您能不能说说她呀，我实在是没办法了！"听着家长无奈的叹息声，我不禁想

起不久前的一幕：小青的妈妈来校接孩子，她们刚走出校门，小青突然想起自己的文具盒落在班级里了，要回去取，她妈妈不耐烦地数落道："瞧瞧你，整天丢三落四的，怎么这么没出息呢？人家的孩子怎么就不像你这样呢？"小青噘着嘴垂头丧气地去取文具盒。回来后，妈妈又教训了她一顿。

由此可知，小青之所以不接受妈妈的合理建议，错误也许并不仅仅在于小青。

那么，遇到这样的情况，班主任应该怎么办呢？

我当时组织学生开展了一个"我为何不接受父母的建议"的主题班会。

首先，组织学生分析这样一个案例：小明在不停地反省自己：爸爸妈妈是对我最好的人，可我却不愿意接受他们的合理建议，甚至想与他们对抗，这是为什么呢？

话题一出，班级里就炸开了锅。小青首先说："他爸妈一提建议肯定就急赤白脸的，让人难以接受。我妈就总那样，所以我就不愿意接受她的建议。"婷婷说："他爸妈肯定总盯着他的缺点不放，我妈妈就是总把我的缺点挂嘴边，让我觉得在他们面前特别没有尊严。他们都看不起我，我还接受他们的建议干什么呀？"还有的学生说："爸妈的唠叨最容易引起对抗情绪""爸妈自己做不好，还总说我们这不对、那不对"……话匣子一打开，孩子不接受父母合理建议的原因和盘托出。原来，在父母眼里，总认为孩子还小，没有考虑到对孩子也应做到尊重和平等，可是，在孩子的心里，他们真的需要尊重和平等。

了解到学生的心声，我在家长群里开了家长会，首先讲了一个故事：一个爱狗成癖的人，听他人说深海鱼油对狗的发育很有帮助，于是每天一大早，他就将狗抓来，用双膝夹紧狗头，强迫它张开嘴，然后对准喉咙灌进鱼油。有一天，狗大力挣扎，甩脱了主人的双膝，鱼油洒了一地。主人生气之余，回头却看见狗自己转过身来，静静地舔食羹匙。原来，狗所抗拒的不是鱼油，而是喂食鱼油的方法。在教育过程中，有时孩子拒绝的不是我们的教育内容，而是教育方式。当孩子不愿接受我们的"合理"建议时，我们要反思一下：我们所谓的"合理"建议是否真的合理？我们给孩子喂食"鱼油"的方式是否恰当？

接着我呈现了小明那个案例，引起了家长们的深思，他们也感到这例子好像就在自己身边，当我把学生们的心声发给家长们看的时候，许多家长不停地点赞，他们真正认识到：当孩子不接受大人合理建议的时候，大人最应该做的是反思自身的教育行为。小青的妈妈深有感触地说："看来，我真得改改对孩子大呼小叫的习惯了。"

网上家长会开过不久，许多孩子告诉我："老师，我爸妈现在对我亲切多了，对我提建议时也和蔼可亲了。"小青神秘地告诉我："老师，我妈让我监督她，如果她再对我大呼小叫，就让我使劲批评她。"许多家长也打来电话，高兴地告诉我，他们的态度和方法转变了，孩子也变得乖巧了。

2. 学会倾听，引导孩子选择正确的道路

老师有时候也会犯建议方式不对的错误。作为班主任，我们不好意思直接批评教师做法欠妥，就只有在学生面前做倾听者，引导学生选择正确的道路。

那天，我刚上三楼，就听见琴法老师在生气："你真是个白眼狼，老师让你弹琴会课（学生到老师那里弹琴称会课，类似当面检查作业）是害你？"琴法老师在愤愤不平、苦口婆心地"教导"小鹏。小鹏的头却扭向一边且扬得老高，一副桀骜不驯的神情。

琴法老师见我过来，扔下一句"看看您的好学生吧！"就忿忿地走了。我没有说话，只向小鹏一摆手，小鹏就跟我出了教室。

怎样劝诫他呢？

倾听！像苏霍姆林斯基倾听"摘花小女孩"的心声那样倾听。

"坐吧！"我指着一把椅子对小鹏示意道。

"不了。"显然，小鹏心里不踏实。

"坐下来，咱们聊聊！"我的语气更加真诚。

小鹏坐了下来，却不言语，我就静静地等着。半晌，小鹏才抬起头，看我一脸真诚而又恭听的样子，发泄似的将事情从头到尾说了个清楚。最后，小鹏顿了顿说："我就是不喜欢她那种强逼式的方法，老是当着大家的面让我去会课，我还没弹会呢！我受够了。"

　　我沉思着说："小鹏，你其他科目都好，唯独琴法差。我是觉得你若能将琴法赶上，找个好工作，甚至升学都很有希望，才特意让琴法老师给你辅导的！"

　　"我就是不喜欢她那种方式、那种神气、那种语气！"小鹏还是深恶痛绝地说。

　　"那你说咋办，不学琴法了？"我试着探探他的心思。

　　"学。"

　　"你把琴法老师都气成那样了，还咋学呀？"我把问题推给小鹏。

　　"我自己练习，完了之后我让您检查！"

　　我一听，觉得也是个办法，就说："行，但琴法课还得认真听。"

　　"好。"

　　"那琴法老师那儿……"我有些得寸进尺地继续引导。

　　"我去给她道歉，说明情况。"

　　望着小鹏释然的神情和远去的背影，我也释然了。

　　老师都知道爱学生是教书育人的前提，但是很多人并不知道，爱，其实是一门艺术，是需要我们认真思索学习的艺术。比如，多数人知道爱孩子、爱学生，就要欣赏他、关心他、对他负责任等，却并不知道尊重和了解也是爱不可或缺的基本要素。很多人不知道，如果没有以尊重为前提，关心、责任心等很可能异化为控制别人，甚至奴役别人的托词。所以，在很多时候，尊重学生的意义甚至超过了"宽容"。在这里我们必须明确的是，尊重就是努力地使孩子能成长和发展自己，绝无剥夺之意。老师和家长尊重孩子，并不意味着惧怕孩子、讨好孩子。而是说，如果我爱孩子，就应该接受他本来的面目，而不是要求他变成我希望的样子。有的人总想控制孩子，那是缺乏爱的艺术的征兆，必然导致孩子的不满。

比如，某一日，我正值青春期的侄子染了黄头发回来。我一眼看见，当然感觉很别扭，却只是惊诧地感叹："你今天的头发好特别啊！"——注意，我用的是"特别"一词，既没有赞赏也没有批评。侄子马上说："姑姑，你也喜欢我这个发型吗？"我说："这个样子，是挺个性的"——我依然没有表态，但已经让侄子很开心了，他以为大人——尤其是我这个当教师的姑姑会反对他做这个发型的，他甚至做好了挨批的心理准备。侄子在镜子前自我欣赏了一会儿，却说："但是，学校不允许我们染头发。"我表示惋惜："是的。你的老师会怎么做？"侄子想了想，说："肯定会狠狠批评我。""同学们呢？""估计没几个同学同情我，因为这是学校的规定。"我再次深表同情，却依然不说什么。

晚上侄子说："我明天还是把头发给染回去吧！"

设想一下，如果我当初看见他的黄头发就马上谴责、批评，他会感觉我否定的不是他的头发，而是他的整个审美观；我总不明确表态，让他感觉到自己的言行没有被干涉，他反而有了正确的选择。

这就是青春期孩子的逆反特性，只要给予他们足够的尊重，他们就会知道什么是该做的，什么是能做的。

二、基于孩子原因的建议

孩子不听大人的合理建议，有时是想挑战权威，证明自己已经长大成人。这时，我们有以下做法可以参考。

1. 苦口婆心不如现身说法

比如，语文老师让学生写读书笔记，同学们却总是偷懒。于是，我把自己几本厚厚的读书笔记拿到教室，说："同学们，今天老师带来一样对我来说非常珍贵的东西给大家看。"

同学们轮流翻阅着我的读书笔记，纷纷说："老师，这都是你平时写的呀？"

"老师，你几乎每天都要记录呀！"

"老师，你能借给我看几天吗？"

我很自豪地说："是啊，我这几本读书笔记是一个很好的资源库。"接着我将自己这几年来发表和获奖的文章一一展示给学生看。同时，为了让学生能够进一步对老师的阅读和写作情况有更深入的了解，我又将电脑打开，将我发表在教育博客上的文章都展示给学生看。学生看着这些文章，发出了阵阵的赞叹声。

"现在想来，我能写出这些文章，和我平时的阅读与读书笔记有密切的关系。"

"老师，我以后也要多读书，写好读书笔记。"

"老师，我们来比赛，怎么样？"有同学很认真地向我挑战。

"好主意！我和你们比赛，看看谁能够坚持，谁读的书多，谁记的笔记多，谁写的文章多。"学生的这一提议立即掀起了一阵高潮，甚至有同学说，老师的读书笔记也要接受大家的监督。

"好！我答应你们。"教室里响起了一阵掌声。

在以后的日子里，我不再像以前一样"苦口婆心"地教育学生要多读书了，我只是督促自己多读书、多写作，进行着与学生的读书竞赛。并且，每两个星期，我都会安排一节课的时间给同学们交流自己的读书心得，我也奉上自己的读书笔记，展示自己的博客文章。大家彼此传阅、交流、点评，这不仅是在对别人进行检查与督促，也在欣赏别人时自我领悟，在声声感叹中不断提升。尤为可贵的是，这能引导班级舆论。

2. 不妨让学生"吃亏在眼前"

每次舞蹈课，我们班年轻的舞蹈老师都要生一肚子气。原因是那些女孩子总是不换舞蹈衣，就那样穿着牛仔裤去上课，简直没办法练功。有的女孩子长长的披肩发也不挽起来，显得特别没精神。

后来，我和舞蹈老师商量，让这些孩子吃吃亏，也许就长记性了。

从此，每次上舞蹈课，老师都不再强调衣服和头发的事。但是，我会在下课前走进舞蹈教室，和舞蹈老师一起为学生打分，并算作期末成绩的一部分。那些穿牛仔裤上课的孩子，什么动作都做不好，分数自然很低。那些没有把头发挽起来的学生，跳舞时发丝乱飞，分数自然也高不了。

如此，没多久，学生就在上舞蹈课前准备妥当了。

3. 给孩子选择的权力

儿子8岁的时候，已经颇有主意，对大人的话根本不当回事。有时他爸爸气极了，便用武力解决。但挨打之后，儿子依然倔强。面对儿子的逆反情绪，我一筹莫展，颇为头疼。

后来发生的一件小事，让我看到了教育的契机。

一天，儿子吃饭的专用碗破裂了，需要买一个新的，我便带他来到超市选购。超市里的碗琳琅满目，经过挑选，我锁定了一个12元的不锈钢碗，但怕儿子不同意，便对他说，现在有五种选择，由你决定选哪一种，在选之前我为你简单介绍一下：（1）32元的不锈钢碗，质地优良，轧花精美，不过吃饭在家，造型优美也无人欣赏，关键是价格太高；（2）12元的不锈钢碗，质地优良，普通造型，双层隔热，经济实用；（3）塑料碗，5元，造型好看，但塑料对人体有害；（4）瓷碗，4元，易碎，适合大人使用；（5）竹碗，7元，无毒环保，适合婴幼儿，你刚用坏的就是这种。

听完我的介绍，儿子歪着脑袋想了一会儿，经过仔细比较，最后决定买12元的不锈钢碗。我问为什么，儿子说这种碗实用又省钱。看来只要了解透彻，孩子还是有辨别力，能做出正确选择的。孩子有时不愿意接受大人的合理建议，一是缺乏对事物的全面了解，多凭表面来判断；二是大人把自己的观点强加在孩子身上，这让以"自我为中心"的孩子很受伤，故常有叛逆行为发生。如果这时我们能给出几种不同的建议（包括好的和坏的建议），并全面分析各自的优缺点或将产生的后果，然后交由孩子去选择的话，定能调动孩子的积极性，并顺着大人的引导，得到令人满意的结果。

受这次事件的启发，凡是我的建议与学生的观点不一致时，我都会给出至少两个以上的选项，这样既可以让学生感到足够的尊重，又能锻炼学生的分析和决策能力，从而起到事半功倍的教育效果。

根据社会心理学的说法，孩子在成长中要经历两个叛逆期，第一个叛逆期在 3 岁左右，第二个叛逆期在青春期。青春期的学生要求人格独立，要求社会平等，要求精神和行为自主，反抗父母或有关方面的控制，这种内在需求和对环境的要求是发展性的需要，是必经的。作为家长和教师，必须正确面对这一客观现实。

只有让孩子眼前吃点小亏，才不至于在大的决策性问题上吃大亏。

您的朋友　李迪

学生与科任教师发生了激烈冲突，怎么办？

李老师：

您好！

班主任除了教学、带班，还有一个重要的任务——协调学生和科任教师之间的关系。当科任教师和自己班级的学生发生了激烈冲突时，我们该如何处理？您是否有这方面的经验或教训？可否给我们一些建议？

宋老师

宋老师：

您好！

学生和科任教师发生了冲突，必然是公说公有理，婆说婆有理。我们固然不能因为学生的不懂事就得罪同事（毕竟铁打的营盘流水的兵，和同事要在一个单位共事多年甚至一辈子），当然也不能为了维护同事的面子而委屈了学生。怎样才能有效地处理学生和科任教师之间的矛盾呢？

一、两头传好话，做一个说善意谎言的和事佬

十余年的班主任工作经验告诉我：善意的谎言常常有利于学生和科任教师之间的和睦相处。我们的学生年轻不懂事，有时会在语文课上做美术作业，在美术课上哼歌，在音乐课上看小说……

有一次，小洁和美术老师"反目成仇"了，原因是美术老师课堂上示范画画时，小洁在做幼儿卫生的作业。老师用眼光制止，她毫不理会。被气坏了的老师就言辞过激地批评了她几句，她当堂就顶撞起老师来了。

问清了事情的经过，我立刻找来小洁，说："美术老师刚才来过了，他

说课堂上批评你的话有点重，说你平时表现不错，还说一直很喜欢你呢！担心你会因为他批评失去了分寸而心里难过。"那一刻，只有我知道自己在说谎，在"替"人认罪。美术老师没说过那些话是事实，但是他批评学生言语不当也是事实。

小洁低下头面红耳赤地说："其实，是我有错在先。我不该在他的课堂上写别的作业，主要是别人的作业都交了，我心里着急。他批评我也是被我逼急了吧？他真的对您说一直挺喜欢我吗？他肯定因为我顶撞他伤心了，我也挺后悔！"

我点点头说："将心比心，若你是老师，明明是学生先错了，还顶撞你，你心里肯定也不好受。"

小洁说："我想去给他道歉，您跟我一块儿去吧？到那儿替我说几句好话，叫老师别生气了，行不？"

我欣然前往。一见面小洁就给美术老师说了一堆好话，说她以后不顶撞老师了，也不在老师的课上写别的作业了，叫老师别生她的气。看样子，她没打算给我替她讲好话的机会。

美术老师拍了一下她的肩膀说："你想哪儿去了？老师怎么会生你的气？何况我在课堂上说的话也不好听！这点我应该检讨！"

……

有时候，全班同学都对某科教师有意见，肯定也有科任教师的原因。但是我们不能批评同事。班主任要缓解双方矛盾，可以专门开个班会，为科任教师找优点——每一个教师都不可能没有一点优点。等开完班会，班主任便可以去找科任教师说："我们班学生可喜欢你了，他们认为你有什么什么优点……"这些优点必然是事实。科任教师一高兴，下次给学生上课可能更尽心。因为他（她）的尽心，学生表现必然不错，下课回来可能会对我们说："今天你们班学生听课挺认真。"这时，班主任要马上进教室说："今天科任教师表扬你们了，他说他最喜欢给咱们班上课了，同学们发言很积极。"

这样两头传好话，做一个善良的和事佬，科任教师和学生之间的矛盾就化解了。

二、"察言观色"化冲突

科任教师与学生发生冲突，班主任倘若不管不问，把"皮球"踢给科任教师，太伤科任教师的心，也助长了学生"不知节制、目无尊长"的恶习，与教书育人背道而驰。

这时，我们该怎么办？

小秦是我们班一个比较懂事但成绩较差的孩子，平时很少说闲话。忽然有一天，他和教英语的张老师发生了激烈争吵，张老师说小秦说闲话了，小秦坚持说自己没说，并有周围同学作证。张老师气急败坏地说："明明说了闲话还撒谎，你给我出去，别上我的课。"但小秦就是不出去，最后张老师说："好！你不出去，我走……"

学生找到我时，我马上赶到教室，问："刚才的情况同学们都看见了，是不是？"同学们都说："是"。

"我刚刚也了解了一下，就是小秦可能真的没有说闲话，被老师冤枉了。"我继续说。

"是……"有的同学点头，有的同学已经不说话了。

"但为什么张老师那么生气呢？"我疑惑地问。

"我觉得当时没有必要和老师争，因为老师也是为我们好。"

"那么多人，老师看不清，就以为小秦没听课，这也正常，可以课下再和老师解释。"另一个同学说道。

"但是小秦确实被冤枉了，所以才那么生气的嘛！"替小秦说话后，我转问小秦："你觉得呢？"解铃还需系铃人。

"我刚才就是没有说闲话，我是转脸问××借笔了，老师非说我说闲话了。我觉得老师冤枉我了。"小秦意识到自己闯祸了，低沉地说。

"也就是说，张老师叫到你的时候，你并没有完全在认真听课？"

小秦不说话。

"你现在再审视一下你刚才的行为，你觉得自己的表现怎么样？"我试探着柔声问道。

"我也觉得我刚才有点过分了，我就是一时冲动，并不是故意和张老师作对的。"他这回真诚地说。

"你说下一步怎么办呢？是我们不上英语课了，还是找校长换老师？"我故意问道。

"不，我去找张老师道歉，请他原谅，他教得挺好的。"

老师毕竟是老师，矛盾就此化解。

有时候，学生和老师发生矛盾，可能是学生犯了什么错误，或者学生以为老师误会了他。这个时候，作为班主任要学会"察言观色"。以真诚关怀的口吻疏导，尤其是对心理承受能力或者理解能力较差的学生，他们容易冲动，过于偏激，老师要先让之，动之以情，晓之以理，把理说透，把情留够，一步步引导，走弓背而不走弓弦，才能有效解决矛盾。

三、"捧着老师，护着学生"，远离"战场"

那是六年前发生的一件事儿。

那天，班长冲进办公室说："老师，小张与语文老师'打'起来了……"

我冲进教室，只听年轻的语文老师脸色苍白地说道："今天你必须道歉，要是不道歉，以后我的课你就别上了！"小张也不甘示弱，僵着脖子大声回应道："不上就不上，有什么了不起……"我连忙将孩子带离"战场"，到了办公室。

办公室里，孩子一言不发，直着脖子犟在那儿一动也不动。我决定先"晾晾"他，劝慰几句，便去找语文老师。

语文老师正坐在办公桌前生闷气，见到我进来，也不说话。我对他赔笑道："真的挺佩服您的，这样一个臭脾气的家伙，您居然能够忍住没爆发。"

听我这么一说，语文老师半是无奈半是解嘲地说："没办法，他毕竟是孩子啊。不过，真的要好好教育。不说我批评他是对的，即便是批评错了，他也不能这样啊！"

见语文老师这样说，我放下心来，至少，他不会真的拒绝孩子进入他的课堂。

"是啊，真有点过火了。刚才我也好好地说了他一顿，他也知道自己错了，只是不好意思马上来给您道歉。"

经过交流我了解到，原来在语文老师板书时，听到后面"啊"的一声，回头一看，小张正掐着同桌的耳朵……

聊了好一会儿，等语文老师的情绪好转后，我回到了办公室。这时孩子的情绪也基本稳定下来了。孩子告诉我的与语文老师不同。他说上课时同桌总是用胳膊肘捅他，让他烦得要命，于是，他趁老师板书的时候掐了一下同桌的耳朵，而这正好被老师看到了，老师就"不分青红皂白"，让他"滚后面站着"。感觉受了委屈、丢了面子的他，虽然知道自己不对，但还是与语文老师犟上了。

我好像是感叹般在孩子面前说："所以啊！这个世界上很多矛盾都是因为误会，我们眼见的也不一定就是事实。"小张像找到知音般点点头。我说："有了误会，总要解释一下才好。"

小张沉思了很久，吞吞吐吐地说："我也不想让语文老师误会我。"

我说："那我们一起去找老师解释，咱要想一想，怎么解释才可以消除误会。"

在这里，我特别想和一些年轻老师说的是，学生所谓的"冤情"有两种情况：一种是学生有"正理"，得理不饶人，你确实冤枉了人家；另一种是学生有"歪理"，拗理犟三分，在他的价值观中"理"虽然"歪"了一点，但也是天经地义的。对于前者，自然是"解铃还须系铃人"，虽然我们做班主任的不好说科任教师的错，但如果真是科任教师由于冲动批错了人，就该进行反思，就该向学生说"对不起"。老师放下架子给学生道歉，对学生来说往往是受宠若惊，就像长辈突然屈尊向孩子们说软话一样，学生会被你的真诚所感化，化干戈为玉帛。你可能感觉这太跌份了，其实不然，你知错必改的人格魅力会让学生汗颜，会让学生心服口服再加折服。对于后者（学生的歪理），班主任要采用"缓兵之计"。不妨学学孩子打架时家长的做法：一面狠批自己的孩子，一面忙不迭地向别人赔礼道歉。

科任教师与学生发生冲突，班主任站在中间受的是"夹板气"。像一个丈夫缓解婆媳关系一样，先代学生向科任教师道歉，把责任揽在自己身上，给科任教师一个"台阶下"，然后再把学生带回去慢慢地"哄"。这叫虚晃一枪，暂时"缓兵"，也给化解矛盾一个"等待期"。待到双方心平气和、调查清楚时，教育的契机便来了，不失时机地晓之以理、动之以情，一定能达到"人和"的效果。有时我们这一等一缓，学生的"心火"便消了，不用你苦口婆心地劝解，自己就想通了。

当然，这仅仅是化解了师生矛盾的"皮毛"，毕竟学生有"歪理"，是是非观的问题，"歪理"正不过来，冲突随时可能爆发。这就需要班主任经常与科任教师交换意见，与科任教师一起制定"纠错"措施。我常对科任教师说："如果你把学生当作自己的孩子，发生冲突时你还会真生气吗？"蹲下来，以心换心，了解他们、关心他们，不断用爱心去感化他们。毕竟只有爱才是化解师生冲突的良药。

四、将心比心，化解师生冲突

我曾经读过郏县王老师的一篇随笔，她在文中说：

今年教我班历史课的刘老师很像电视演员范军：身材魁梧高大，说话"娘娘腔"。开学第一天，刘老师初往讲台上一站，着实震慑了不少人，就连班里最捣蛋的程汤也给吓着了——大气儿不敢出、目不转睛地看着刘老师。可刘老师开口一讲话，大家就放松下来了。有几个还在下面捂着嘴窃笑，小声议论着什么，捣蛋的程汤更是大胆地嚷道："刘姥姥进大观园了！"紧接着，和程汤"沆瀣一气"的苗成、肖旗也跟着喊道："老刘，老刘，食量大如牛，吃个老母猪，不回头。"

刘老师一听，气不打一处来，这不明摆着在挑衅吗？他拽着几个孩子就来到我的办公室，撂下一句"教训不好他们几个，以后咱班的课我不上"，就甩门而出。

我弄清楚事情原委之后，当堂开展了"刘老师为什么生气？怎样让刘老师高高兴兴地给我们上课？"的主题班会，然后要求大家展开讨论。

"刘老师是男性，却被叫作'姥姥'，这是拿刘老师的缺点或缺陷来取笑，是对刘老师的一种不尊重。"班长张力首先说。

"其实，世界上没有十全十美的人，每个人都会有这样那样的缺陷与不足。我们应该学会用欣赏的眼光，多发现别人身上的优点与长处，而不是只盯着别人的短处与不足。"学习委员马翠说。

"那刘老师有什么优点呢？"有学生议论道。

"大家不是爱听故事吗？刘老师脑子里装的都是故事，从上古时代的到近现代的，从中国的到国外的，讲三年也讲不完！"我看时机成熟，就引出话题。

"就是，我听上届学生说，刘老师的字写得特别好，还是市书法协会的会员呢！"机灵的郭聪说。

"我听说刘老师的文章写得好，经常在各大报纸上发表，而且是咱们校报的主编！""小灵通"李明说。

"刘老师的乒乓球打得也很棒。"

……

再看看程汤他们几个，显然也已经意识到自己给大家带来的"损失"，把头低得更低了。

"去吧，给刘老师认个错！"我轻声对他们几个说。

"要是认了错之后刘老师还不来给我们上课，怎么办？"程汤一脸愁容地说。

"没事，走吧，我有办法！"站在一旁的苗成胸有成竹地说。

后来有一天在校园遇见刘老师。刘老师笑呵呵地说："你们班学生的嘴可真甜，不叫我'刘老师'，而称我'刘作家'、'刘书法家'、'刘主编'，我离成大家还远着呢！"

　　以上是科任教师和学生发生矛盾的几种情况和处理方法。在这里我必须强调的是，在处理科任教师和学生的矛盾时，倾听很关键，也是有技巧的。倾听并非仅仅是用耳朵听，更重要的是用头脑、用眼睛、用心灵去听。也就是说，要用耳朵去听学生说话及其语调，用头脑去领会话语中潜在的信息，用眼睛去观察学生的行为表现，从而判断孩子的语言是否片面，判断孩子现在正在气头上，还是渐渐理智起来了，好让我们用心灵去设身处地地感受，并做出正确有效的引导。

　　班主任全身心倾听学生诉说的过程，就是对学生表达尊重和理解的过程，这样的倾听不但有利于学生向我们打开心扉，还能给学生做一个尊重别人的榜样。他们自然也会思索着去理解、尊重、同情和自己发生矛盾的科任教师。到那时，事情就好解决了。

　　处理学生和科任教师的矛盾时，除了倾听，还要注意询问。当然我们对学生的询问，也是有学问的。

　　比如，最好不要问学生："你为什么和老师发生冲突？"这句问话有责备的成分，很容易引起学生的反感，产生一种被询问、被窥探、被剖析感，从而产生阻抗，不说心里话。就算他们暂时给老师道了歉，心里也不服气。因为师生发生激烈冲突，科任教师必然也有一定的责任。所以，班主任正确的问话应该是："你和科任教师之间发生什么事了？"这句话表达了一个中立的立场，学生会更乐意接受。

　　另外，在处理学生和科任教师的矛盾时，要尽量避免用"是不是"、"对不对"、"有没有"、"是这样吗"等词（除非是为了证实某件事情），因为这些回答只能是"是"、"否"式的简单答案，会使学生陷入被动回答之中，压制学生自我表达的愿望和积极性，从而产生压抑感、被讯问感。在现实中，很多学生在和老师交流的时候，都处于沉默状态，整个交谈过程只有老师在喋喋不休，学生只是低垂着脑袋一言不发，交流效果可想而知。究其原因，可能就是因为学生产生了被讯问感。

当学生方认识到了自己做事欠妥后，再去找科任教师道歉，科任教师一定会原谅孩子。学生也就是在经历这些事件的过程中，逐步成长起来的。

以上建议，供您参考！

您的朋友　李迪

学生不知感恩，总反感老师，怎么办？

李老师：

近几年来我心里常常无故难受。也许是时代变了，现在的学生不但没有"师道尊严"的观念，还总是挑老师的毛病，言谈中看不惯这个老师这一点，又讨厌那个老师那一点。他们会说年轻文静的老师没气场，又说经验丰富的老师气场太足太狂妄；说不拘言笑的老师冷冰冰，又说嘘寒问暖的老师很虚伪。就算是所有事实都证明某老师一心一意为学生，他们也会说这完全是老师为了追求升学率、为了自己得奖金……总之，他们没有一丝感恩之心。教师节前，我在班里组织了以"感恩母校、感恩教师"为主题的班会，谁知学生更加反感，说我往自己脸上"贴金"。李老师，您觉得对于这种情况，我应该怎么办？

苏老师

苏老师：

您好！

我非常理解您的感受。青春期的学生个性张扬，一知半解地崇尚所谓的平等、自由，似乎对往昔的"师道尊严"颇为不屑。我们到网上搜一下，关于师生间发生的矛盾冲突乃至造成恶劣后果的事件层出不穷。他们在内心对老师的不尊敬、不感恩让人寒心。但老师若是策划组织"感恩母校、感恩教师"的主题班会，难免会让人反感：怎么你们教师还要求学生感恩你们？

其实学生这样想也不算错，我们教师做一些分内的事情，只要凭着良心、按照教师职业道德去做就行了，何必非要他们感恩？所有的感恩，都是强求不来的。

但是，培养学生的感恩之心又是学校德育工作最重要的内容之一，怎样才能做到润物无声呢？

我建议老师们做到以下几点：

（1）让感恩教育贯穿到校园生活的整个学期、学年乃至整个学段。从新生入学第一天，就引导学生对为班级做出贡献的同学表示感谢。比如，有同学主动打扫了教室卫生，老师要大张旗鼓地谢谢他们；有同学在课堂上发言积极、声音洪亮，要带全班同学鼓掌，谢谢他们为课堂良好的气氛增光添彩；母亲节、父亲节引领同学们往家里打电话；每次上课前，可以齐唱《感恩的心》，大家一起做手语操。是的，我们要培养的不是学生对老师的感恩，而是让他们感谢同学、感谢亲人、感谢自己、感恩生活，感谢蓝天白云、日月星辰。关于感恩师长的话，我们提都不要提。但通过此类活动，他们慢慢养成了感恩的习惯，尝到了感恩的甜头，自然也会感恩老师。

（2）借用早会或课外活动等休息时间和学生讨论。讨论的主题，可以随机而定，但要小心不可说教，要注意不着痕迹。而且，这样的讨论，不是一次两次班会就可以解决的，而要成为系列。

比如，我曾经在班级里开展过一系列的感恩教育班会及讨论。第一次讨论的主题是"潜意识简介"；第二次的主题是"运气的核心是感恩心"；第三次的主题是"归因朝外可能成为失败者、苦命人"；最后一次的主题是"转变运气的四项技术"等。

青春期的孩子，对未来充满了美好的憧憬，他们总想象着自己有一天能功成名就、身价百万。但是，他们也知道一个人想要成功，离不开好运气。那么，怎么做才能拥有好运气呢？这是每一个孩子都很关心的问题。我当时告诉孩子们：根据管理心理学家鞠强教授的分析，一个人好运气的核心是感恩心。这不是想当然、凭感觉得出的结论。鞠强教授当时找了300个来自不同阶层的人，组成一个样本体，让这些人为自己的运气打分数。100分表示运气极好，0分表示运气极差。最后鞠强教授发现，与好运气正相关、排在前五名的品质有：创新力、执行力、学习力、智商、感恩心等，但相关度最高的是感恩心。感恩心和好运气的正相关值是 0.73。所以，一个人运气的好坏，主要取决于感恩心。

那么，到底是为什么呢？

这就谈到了潜意识。

关于潜意识的内容，大家可以在网上查找相关知识，并在开学初专门抽出一节班会课来普及，我在此不做赘述。我们在这里只想让学生知道：人与人之间除了语言沟通，还有潜意识沟通。感恩心强的人，不由自主地会释放一种信号，让人感觉到帮助他会有价值感。而没有感恩心的人，会让人感觉帮助他没有价值感。所谓的感恩心强，就是指这些人容易觉察出人们是在帮自己的忙——比如觉察出同学在善待自己，老师在引领自己，亲人在关心自己等。他们容易聚焦在"别人帮自己的忙"的事情上，会满怀感恩。这种感恩，会通过潜意识发散出去，调动身边更多的社会资源来帮助他们事业成功。

但是，现实中有的人会很容易将感恩心误解为"口头说谢谢，内心无所动"。我们也经常遇到内心刻薄，而口头上花言巧语、言必称谢的人。只要这个人的内心是刻薄的，无论他如何"谢谢"不离口，他周围的气场都能散发出刻薄来，他依然难以得到周围社会资源的帮助。

如此讨论的最大好处是：让学生在聊天中，从内心深处认识到，培养自己的感恩心，就是帮助自己转变好运气，而不是为了老师获得什么。

谈完以上内容，可以在下次讨论或班会中提醒同学们：什么叫归因朝外？归因朝外就是无论遇到什么事，都不想自己的不足，而首先指责别人，认为都是别人的错。这样的人，很容易成为失败者、苦命人。这种讨论同样是站在学生的立场上引领他们，绝不会引起同学们的反感。

（3）要找出整块的时间和学生交流：如何转变我们的运气，其实也是培养自己感恩心的最佳方式。

转变运气需要修炼功夫，借用佛学的说法，主要的四项修炼功夫是布施、爱语、利行、同事。

布施可以分为财布施和法布施。财布施是给别人捐款，法布施是给人做思想上的引领。教师是最适合做法布施的人群之一。爱语是指多鼓励人，多看到别人好的方面，多给人正能量，尽量不要发牢骚。这一点在班级管理中非常重要，因为发牢骚就是一种环境污染，一个寝室只要有一个人经常发牢骚，就可能影响整个寝室的氛围。利行，是指帮助别人成功。如果你总在帮助别人成功，别人自然愿意感激你，愿意帮助你。这里说的"同事"不是我们在一个单位工作的"同事"，而是能够理解别人的动机、立场，站在对方的立场上考虑问题。比如，我曾经成功破获了一起班级盗窃案，丢失的钱如愿追回来了，但同学们都不知道盗窃者是谁。这个盗窃者以及他的家人，当时对我感激不尽。但是，当这个学生毕业后，再次回到母校，她看见所有的老师都很亲热，唯独看见我——当年保护了她的班主任冷冷淡淡的。因为我是这个世界上唯一知道她曾经盗窃的人。如果可能，她希望我永远消失。其实她讨厌的不是我，而是她当年盗窃的行为。所以，我很理解她。但是理解不等于赞同，也就是说，我不赞同她，但是我理解她——这就是同事。

苏老师，关于对学生的感恩教育以及别的问题，有的人总认为通过一席话、一节课就能解决问题，这就太天真了。教育更多时候，是个细水长流、润物无声的过程。

陆游说：汝果欲学诗，功夫在诗外。我们要培养学生对老师的感恩心，也不是靠一次班会、一项制度、学校的一个指令，或一顿批评就行的，需要我们生活中举手投足间的影响和引领。

不知道我的回答是否让您满意？您若是还有问题，我们可以继续讨论！

祝愿您工作顺利，每天都开心！

您的朋友 李迪

后记　其实这样很幸福

感谢大夏书系的编辑卢风保老师的约稿，我为一线教师们的答疑终于可以出版了；感谢来自全国各地的班主任朋友们的咨询，促使我积极思索、认真梳理自己多年的班主任工作经验及教训；更加感谢微信公众号上朋友们阅读我的文章后跟我的互动，让我明白不同性格、不同年龄的你、我、他，在遇到相同问题时，可能有不同的反应。

认真琢磨班级棘手问题的每一种应对方法，及运用此方法后可能遭遇的新的困惑，是我在整理这本书稿时，最能提起兴趣的事情。

那一日，我在微信公众号留言栏，发现一位陈老师的留言，颇具代表性：

一切方法都是好方法，可是，对于后进生层出不穷的问题，运用这些方法得耗费老师多少精力和时间呢？做后进生的班主任太累太操心了，事实上大家都不愿意当他们的班主任。

我回答说：倘若对工作一味偷懒、逃避，生活永远都不会幸福，也不可能体会到自尊、自爱、自信。因为我们的自尊，来源自爱；自爱，来源自信；自信，来源能力；能力，来源经验；而经验，来源尝试。一个从不尝试努力工作的教师，当然不可能取得经验，没有经验，能力就得不到提高，进而不可能得到身边人甚至自己的认可，如此便不可能有自信、自爱、自尊，又怎么可能幸福？

无论尖子班、实验班、普通班，还是后进生组成的班级，都有不同的压力。把心态放平了，做教师其实也幸福。

据说，很多人都喜欢抱哭泣的小孩子。为什么呢？这个小孩子本来就在哭，你抱了他以后，大不了他还继续哭，他哭也不是你的错；说不定你这一抱，孩子不哭了，反而是你的功劳。而不哭泣的孩子呢？本来人家就不哭，你抱了他，他若不哭，也不是你的功劳；一旦你一抱他就哭，反而是你的罪过。

所以我们抱哭泣的孩子，压力反而更小。

同理，任何一件事情都有正反两面。这个班既然是由后进生组成的班级，那么与尖子班、实验班相比，升学压力会小很多。孩子们的成绩本来就很差嘛！这其实就好像是抱了一个正在哭泣的孩子。我们首先把心态放平，从容淡定地接纳一切，便会发现带这样的班级，可以有更多的空间去施展才华。我们可以在班里组织各种各样有创意的活动，当然得是学生喜欢的。一旦学生热爱了这个班集体，激发了上进心，整体成绩提上来绝非难事。何况，就算是成绩没有提上来，同学们不再违纪了，这也是极大的进步。

让我们身心疲惫的，可能不是班级事务，而是我们急于解决问题的浮躁心态。

老师们闲暇时不妨到一些私企、银行等单位去看看那些员工的工作强度，也可以凌晨时到机场去看看那些西装革履的成功人士，是如何不分昼夜出差工作的。我每每都会感动于他们的勤奋、敬业，并深深叹息：心在哪里，精彩就在哪里。我们哪怕有他们一半的付出，班级也会井然有序。

杨老师在看过我关于带后进生班级的文章后，在微信中和我私聊，她的问题是：

李老师，我带了一个由后进生组成的班级，这个班不断换班主任，而且上学期还把这个班拆散了，学生被分到年级各班，这学期又抽回来组成一个新班，完全散了。您在书中谈到的问题，我几乎都遇到了，集体活动根本就没有人主动参加，家长对学生的要求就是读职校不上高中。烦请您帮忙支招啊！

对杨老师的问题，我当时想说的是：我的招数，在文章里都谈过了啊！但是杨老师显然不满意。我便说：首先，肯定是无论学生多么消极调皮，您都要充满信心，而且要学会动情地演讲……

杨老师只回答了一个叹息：哎！

我哑然失笑：怎么，我的回答让您失望了？

杨老师：不是失望，而是学生已经麻木了……

在这里，我特别想对杨老师和其他读者说：内功的修炼比招数更重要。同样一句话、一件事，不同的老师说出来，会有不同的效果。所以，我在这里给招数是一方面，更重要的是大家要修炼内功，甚至学会用最动人的语言做演讲。学生不是麻木吗？没关系，我们来唤醒他们。

比如，有时候，我努力了一周，学生却无动于衷，我会对着学生一边苦笑，一边说：我像一个傻子一样爱着你们，你们却熟视无睹。

我不指望学生听此话后会迅速地懂事，但他们肯定会和我一起笑，至少不会反感我。

有时候在学生一次次让我失望的时候，我会换一种方式，摇头叹息：学生虐我千百遍，我待学生如初恋。

这样动情的话，用调侃的语气半真半假地说出来，对学生会有一定的感染力。

有一次寒假归来，我将从网上找到的一首诗——《你若懂我，该有多好》，播放给学生看。

> 每个人都有一个死角，
> 自己走不出来，别人也闯不进去。
> 我把最深沉的秘密放在那里。
> 你不懂我，我不怪你。
>
> 每个人都有一道伤口，

或深或浅，盖上布，以为不存在。

我把最殷红的鲜血涂在那里。

你不懂我，我不怪你。

每个人都有一场爱恋，

用心、用情、用力，感动也感伤。

我把最炙热的心情藏在那里。

你不懂我，我不怪你。

每个人都有一行眼泪，

喝下的冰冷的水，酝酿成的热泪。

我把最心酸的委屈汇在那里。

你不懂我，我不怪你。

每个人都有一段告白，

忐忑、不安，却饱含真心和勇气。

我把最抒情的语言用在那里。

你不懂我，我不怪你。

……

从阴雨走到艳阳，我路过泥泞、路过风。

一路走来，你若懂我，该有多好。

优美的诗词，用深情的语言朗读出来，学生痴迷了。我当然不会放过这样煽情的机会，感慨地说："这首诗可以描绘情人、母子、朋友间的情谊，更可以描绘师生间的互动：每个人都有一行眼泪，喝下的冰冷的水，酝酿成的热泪——比如你不理解老师的严格要求，因你的违纪而造成师生冲突，甚至在冲突后，你骂我、怨恨我。我呢？我只能把自己最心酸的委屈汇在那里。你不懂我，我不怪你。"

学生当时就被我半真半假的表白征服了。

如今，我也把这首诗送给素不相识的读者朋友：我愿把自己二十年班主任工作的思索奉献给您，我愿意陪您路过泥泞、路过风，从阴雨走到艳阳，让我们彼此理解，相互支持，一起享受职业幸福，该有多好！

2017 年 12 月